COLLECTION DE
PSYCHOLOGIE EXPÉRIMENTALE
ET DE MÉTAPSYCHIE
DIRECTEUR : RAYMOND MEUNIER

ÉDOUARD ABRAMOWSKI

*Chef du Laboratoire de Psycho-Physiologie
de Varsovie*

L'Analyse
Physiologique
de la Perception

BLOUD & Cᵉ
PARIS (VI)

L'Analyse Physiologique de la Perception

OUVRAGES DU MÊME AUTEUR

PUBLIÉS EN FRANÇAIS

———

Les bases psychologiques de la sociologie, Paris, 1897, Giard et Brière (*Revue intern. de la sociologie*).

Le matérialisme historique et le principe du phénomène social, Paris, 1898, Giard et Brière (*Le Devenir social*).

Loi de la corrélation psycho-physiologique, *Archives de psychologie*, t. I.

Les illusions de la mémoire, *Revue psychologique*, v. II, 1909, Bruxelles.

L'image et la reconnaissance, *Archives de psychologie*, 1910.

Dissociation et transformation du subconscient normal, *Revue psychologique*, 1910.

La résistance de l'oublié et les sentiments génériques, *Journal de psychologie normale et pathologique*, Paris, 1910.

Sur la définition descriptive de la perception et du concept, *Revue psychologique*, 1910.

COLLECTION DE PSYCHOLOGIE EXPÉRIMENTALE
ET DE MÉTAPSYCHIE

Directeur : RAYMOND MEUNIER

L'Analyse Physiologique de la Perception

PAR

Edouard ABRAMOWSKI

Chef du Laboratoire de Psycho-Physiologie de Varsovie

PARIS (VIᵉ)

BLOUD & Cⁱᴱ, Éditeurs

7, PLACE SAINT-SULPICE, 7

—

1911

Collection de Psychologie expérimentale et de Métapsychie

Directeur : RAYMOND MEUNIER

La *Collection de Psychologie expérimentale et de Métapsychie* s'adresse aux professeurs, aux médecins, aux étudiants et au public cultivé qu'elle renseignera sur les données acquises par la science contemporaine dans le domaine psychologique et psychique. Ces données sont aujourd'hui assez nombreuses et assez solidement établies pour qu'il ait pu paraître opportun de les faire connaître en dehors du monde encore restreint des travailleurs de laboratoire et des spécialistes. Ceux-ci trouveront d'ailleurs, parmi nos monographies, une série de mises au point utiles à leurs recherches et des exposés personnels de questions moins étudiées et plus théoriques.

Les volumes de notre collection se répartiront en trois groupes.

Le premier groupe constituera une série historique. Les diverses sciences psychologiques, encore qu'elles aient pris depuis un temps relativement court le caractère expérimental qui est celui sous lequel nous nous proposons de les envisager spécialement, ont derrière elles un long passé. Il est donc indispensable de les exposer, en quelque sorte « génétiquement ». Ce point de vue s'impose tout particulièrement pour certaines questions qui de près ou de loin, se rattachent à ce que les psychologues contemporains désignent sous le nom de « métapsychie ». Les recherches occultes, les problèmes qu'ont englobés tour à tour le spiritisme et la théosophie, du moins dans la forme merveilleuse où l'imagination se les représentait, exigent une interprétation historique.

Dans le second groupe seront traitées « les grandes questions psychologiques ». Par là nous entendons les problèmes d'un ordre général dont on trouve l'exposé dans les Manuels de philosophie, et que nous nous proposons d'étudier selon la méthodologie scientifique à laquelle on doit le renouvellement des sciences psychologiques.

Enfin notre troisième groupe, le plus important, sera consacré à l'examen des problèmes spéciaux de psychologie et de métapsychie. Par psychologie, nous entendons la psychologie normale, pathologique, ethnique et comparée. Quant à la métapsychie, nous entendons par ce terme l'ensemble des sciences métapsychiques telles que M. CHARLES RICHET les a définies au Congrès de Rome (1906).

Ajoutons que certains volumes de la collection pourront appartenir à deux de ces groupes ou aux trois ensemble. Il s'agit donc plutôt ici d'indiquer les directions dans lesquelles nous nous proposons de nous engager que de tracer dès maintenant un plan limitatif de chaque volume ou de circonscrire définitivement notre domaine.

En résumé, l'ensemble de la collection formera une sorte d'*Essai synthétique sur l'ensemble des questions psychologiques et des problèmes qui s'y rattachent.* Notre but sera atteint si l'effort de compréhension psychologique qui caractérise notre époque s'y trouve exprimé.

MÊME COLLECTION

A Madame Emilie Abramowska,

ma femme et amie,

je dédie cet ouvrage.

L'Analyse physiologique
de la Perception

CHAPITRE PREMIER

La Différenciation biologique des Neurones

—

Dans l'étude que j'ai publiée sur la corrélation psycho-physiologique (1) j'ai tâché de démontrer que, si nous considérons le phénomène psychique au point de vue de la causalité, c'est-à-dire de la loi de la conservation de l'énergie, nous sommes nécessairement amenés à la conception d'un corrélatif physiologique, en tant qu'une certaine transformation de la substance nerveuse, transformation qui se produit simultanément avec l'état de conscience, et qui forme avec celui-ci un couple générique exclusif de deux termes, qu'on ne peut pas concevoir comme une relation de cause à effet.

D'autre part, d'après les données de la biologie, nous pouvons admettre que la transformation qui s'opère dans les éléments nerveux, sous l'influence

---

(1) *Archives de psychologie*, t. I, Genève.

d'une excitation, externe ou interne, n'est qu'un
processus de la nutrition de ces éléments, et que ce
processus entraîne aussi la nutrition et le fonctionnement d'autres éléments biologiques qui y sont contigus.
— L'excitation est une condition indispensable de la
vie élémentaire du neurone. Ce fait, dit Van Gehuchten,
que la section d'un nerf périphérique se répercute
non seulement sur les cellules dont ce nerf provient,
mais aussi sur le neurone voisin, ce fait constitue une
preuve évidente que les neurones, qui sont en
contact, exercent réciproquement, l'un sur l'autre, une
influence nutritive, et que cette influence est indispensable pour conserver leur intégralité *anatomique*
et *fonctionnelle*, de même que l'influence des cornes
antérieures est indispensable pour la nutrition des
muscles.

Le rôle nutritif de l'excitation est un fait général
pour tous les éléments histologiques. Aucun tissu
organique ne peut vivre sans les excitations qui lui
proviennent des éléments nerveux. L'épithélium
sécrétoire se trouve sous la dépendance immédiate
des excitations nerveuses, et il dégénère lorsque ces
excitations ne peuvent lui parvenir. C'est ce que
démontre la section des nerfs sécrétoires dans les
glandes sudoripares, salivaires, stomacales, etc. —
Les éléments *épidermiques* externes, outre les excitations qui leur parviennent du dehors, exigent
encore des excitations nerveuses pour conserver leur
vitalité intégrale; la section des voies nerveuses
correspondantes provoque la dégénérescence et les
troubles nutritifs des épidermes. C'est ce qui fut
observé dans la conjonctive et la cornée de l'œil
(Magendie), dans les muqueuses de la bouche et du
nez, dans la peau, surtout dans ses couches pro-

fondes, qui ne sont pas exposées aux stimulus externes (BEAUNIS, LABORDE, LEVEN, BALBI). — L'influence des excitations nerveuses sur la nutrition des *muscles* est un des faits les mieux connus ; les anciennes recherches de PFLUGER et de CL. BERNARD l'ont déjà mis en évidence. Après la section des racines antérieures le muscle dégénère déjà après six· semaines, quoique les conditions nutritives, l'afflux du sang, restent les mêmes, ou deviennent même plus favorables, à cause de la dilatation des vaisseaux. La section du neurone moteur *central* provoque une paralysie et une atrophie modérée des muscles, par suite de l'inactivité ; la dégénérescence propre n'apparaît pas dans ce cas, puisque le manque d'excitations n'est que partiel. Par contre, si l'on coupe le neurone moteur *périphérique*, tout afflux des excitations nerveuses aux muscles est inhibé, et les muscles correspondants ne tardent pas à dégénérer ; le protoplasme de leurs fibres se désorganise et puis disparaît tout à fait (VULPIAN, ERB, GOLTZ, etc.). — Les tissus *conjonctifs* nécessitent aussi des excitations nerveuses pour conserver leur vie ; ceux dont la nutrition est moins active, comme par exemple le tissu osseux, ont aussi une innervation moins riche. La section des nerfs provoque ici des troubles nutritifs, comme par exemple dans la conjonctive de l'œil, ou bien la dégénérescence des os (BROWN-SÉQUARD).

On peut dire, d'une manière générale, que la vie élémentaire des tissus organiques, en tant qu'acte chimique de l'assimilation et de désassimilation, est conditionnée non seulement par l'intégralité du protoplasme et du milieu nutritif, mais aussi par les excitations nerveuses qui leur arrivent. Le système que forme le protoplasme avec sa lymphe nutritive, présente, aussi bien dans les neurones que dans les autres éléments biologiques, un système potentiel, une possibilité de la réaction chimique propre, une *vie latente*, laquelle ne passe à la vie manifeste, au système actif d'assimilation ou de désassimilation, que sous l'influence d'une excitation (1).

Ce rôle nutritif de l'excitation constitue la base des différents procédés thérapeutiques et hygiéniques, tels que les injections hypodermiques du sérum artificiel, la friction au gant de crin, la douche, les massages, les bains de soleil, etc. « Le sérum, dit M. DE FLEURY, n'agit qu'autant que corps étranger, légèrement irritant, introduit dans le courant circulatoire, et frôlant avec plus de force que ne saurait le faire le sang des déprimés, les houppes nerveuses sensitives, dont l'existence vient d'être démontrée dans les parois de nos artères et de nos veines. L'excitation méthodique des nerfs sensitifs de nos muscles, de nos tendons, de nos articulations, s'appelle le massage ; l'hydrothérapie, les frictions, l'étincelle statique agissent sur les nerfs de nos téguments externes ; le régime alimentaire, les amers, les purgatifs salins, agissent sur notre muqueuse digestive ; la cure d'air, les inhalations d'oxygène, et d'autres vapeurs irritantes sur la surface de nos bronches et de nos alvéoles pulmonaires ; les injections hypodermiques sur les parois de nos vaisseaux. Et partout c'est une vibration mécanique, qui, suivant un nerf sensitif, se propage de proche en proche jusqu'aux centres nerveux, pour y déterminer

_____

(1) Je développe cette idée dans les articles parus dans la *Revue philosophique polonaise*, Varsovie, 1900, sous le titre : « Les bases biologiques de la corrélation psycho-physiologique ».

un apport de tonicité et une accélération de la nutrition, pour leur communiquer la force »'(1).

L'effet de l'action de l'excitant sur l'organisme
acquiert donc une double valeur pour notre esprit :
il est un état de conscience, si nous l'envisageons
immédiatement, en tant qu'expérience interne, et
il est la vie élémentaire de certains groupes d'éléments histologiques, si nous le considérons au point
de vue de la causalité, comme expérience externe.
La conscience et la vie s'identifient donc complètement, et la différence entre l'une et l'autre tient
exclusivement aux deux modes différents de notre
connaissance.

Etant admis que l'excitant constitue une condition
indispensable de la nutrition de l'élément, il en résulte que la transformation de la substance nerveuse,
pendant son fonctionnement, n'est pas une transmission du mouvement communiqué par l'excitant,
mais du mouvement mis en liberté dans la substance
elle-même, comme réaction chimique entre celle-ci
et le milieu. Le caractère de cette réaction ne dépend
que de l'espèce du protoplasme de l'élément, lequel,
étant en contact avec les aliments qui lui sont propres, peut accomplir un échange, dont le résultat
est l'*assimilation*, c'est-à-dire la reproduction du
même protoplasme. L'excitation extérieure n'influe
que sur la mise en liberté des affinités chimiques du
système métabolique donné, et peut accomplir ce
rôle indépendamment de sa qualité, pourvu qu'elle
puisse communiquer au système une certaine quantité d'énergie suffisante pour le faire passer de l'état
potentiel à l'état actif. Cela ne veut pas dire cepen-

(1) M. DE FLEURY, *Introduction à la médecine de l'esprit*, p. 254.

dant que toute excitation puisse être efficace, c'est-à-
dire libératrice, pour tous les éléments. De même
que, par exemple, la lumière, ou un autre excitant
physique, ne peut décomposer que certaines combi-
naisons de matière inorganique, tout en restant sans
action sur les autres, de même il y a une relation
spécifique entre la nature de l'excitation extérieure et
l'élément nerveux. La chaleur, par exemple, qui excite
les terminaisons nerveuses correspondantes dans la
peau, ne peut pourtant provoquer une sensation de
contact dans les terminaisons voisines ; de même les
rayons rouges, violets, verts, n'excitent pas non plus
de la même manière tous les éléments de la rétine,
mais chacune de ces trois sortes d'énergie possède
ses filaments privilégiés du nerf optique, sur lesquels
elle agit d'une manière plus efficace que sur les autres.
Ceci dépend probablement de la différence des systèmes chimiques qui constituent les éléments avec
leur milieu.

On peut dire que *l'action des éléments nerveux
est indépendante de la qualité de l'excitation,
qu'elle est déterminée, non par la nature de l'excitant, mais par la nature de l'affinité chimique
qu'elle met en liberté*, parce que nous ne connaissons pour ainsi dire pas d'espèce d'éléments *qui ne
réagissent d'une manière identique sous l'influence
des excitants les plus divers.* Nous obtenons la même
réaction des éléments moteurs et des éléments sécréteurs sous l'influence de l'excitation mécanique, de
l'électricité, de l'action chimique des acides, de
l'ammoniaque, etc. Le courant galvanique qui passe
par la langue, provoque des sensations gustatives,
acides ou alcalines; de son passage par les fosses na-
sales résultent des sensations olfactives. De même,

en excitant les nerfs acoustiques et optiques au
moyen de l'électricité ou d'une pression mécanique,
nous obtenons des sensations de son et de lumière.
Les plus convaincantes, à cet égard, sont les expériences de GOLDSCHEIDER, de DONALDSON, de KIESOW et
d'ALRUTZ sur les divers points sensitifs de la peau.
D'après ces savants, l'excitation mécanique dans les
points de température, provoque des sensations de
froid ou de chaleur ; l'excitation électrique provoque
des sensations de contact, de chaleur ou de froid,
selon les points de l'innervation qui subissent son
action. On peut même provoquer une sensation de
compression, en appliquant l'électrode sur le point
qui perçoit la pression, ou bien la sensation d'une
forte douleur, en l'appliquant sur un autre point qui
donne la sensation de la douleur. En excitant la peau
par certaines substances chimiques, comme par
exemple acide sulfurique, on peut évoquer la sensation du froid dans certains points, et la sensation du
chaud dans les autres. ALRUTZ constate aussi la « sensation paradoxale du froid », observée déjà par FREY,
laquelle apparaît dans la peau lorsque les points correspondants de l'innervation (correspondant à la sensation du froid) sont excités à l'aide d'un tranchant
métallique chauffé ; et plus élevée est la température
de ce tranchant, plus forte apparaît la sensation du
froid. On obtient le même effet en concentrant, à
l'aide d'une lentille, les rayons solaires sur les points
correspondant au froid (1). Les recherches de KIESOW

(1) V. S. ALRUTZ, *Mind*, 1897 ; *Année biolog.*, III. KIESOW, en
constatant ce fait que les points de la chaleur ne répondent à
toutes sortes d'excitations que par la sensation de la chaleur,
fait cependant une réserve que les points du froid ne manifestent pas une spécifité pareille au même degré, car, si on les

démontrent une différenciation semblable d'éléments
dans la muqueuse buccale. Une région de la muqueuse qui tapisse la face interne des joues, vis-à-vis
des dents molaires, est tout à fait insensible à la douleur. On peut l'exciter au moyen d'un courant très
fort, qui détermine la contraction de tous les muscles environnants et se . transmet même au nerf
optique, sans provoquer la sensation de la douleur,
tandis que dans d'autres points, un courant dix fois
plus faible provoque déjà une douleur. L'attouchement de la même région avec un cylindre chauffé à
45° C., donnait à peine la sensation de la chaleur ; à
la température de 50°, la chaleur est sentie, mais
cette sensation n'est pas douloureuse, tandis que sur
d'autres parties internes des joues, ou sur la langue,
l'attouchement du cylindre chauffé à cette température donne la sensation de la douleur, tout à fait
nette et forte (1). Dans tous ces cas, vu que nous
obtenons le même effet mécanique (de la contraction
ou de la sécrétion), ou le même phénomène subjectif
(de la sensation), nous pouvons conclure que *la réaction moléculaire qui se produit dans les mêmes
éléments sous l'action des excitants différents, est
toujours la même.* C'est tout à fait compréhensible,
si nous admettons que l'excitant n'agit que comme

---

excite à l'aide de cylindres chauffés à 47°-50° C., on obtient une
sensation de chaleur, bien que le phénomène du « froid paradoxal » apparaisse aux températures moins élevées (*Untersu-
chungen über Temperaturempfindungen*, Phil. Stud., XI, 135).
Cependant, dans ce cas, nous n'avons pas de certitude que
l'excitation ne se soit pas transmise aux points voisins, correspondant à la chaleur, en masquant de cette façon la sensation éprouvée du froid.

(1) Kiesow, *Zur Psychologie der Mundhöhle*, Phil. Stud., XIV,
567-591, *Année psychol.*, 1899.

énergie libératrice des affinités chimiques, et que la réaction d'un élément nerveux donné, c'est toujours le même processus de nutrition, le même échange entre l'élément et son milieu, échange qui ne peut subir que des modifications quantitatives. C'est de cette manière que s'explique *l'énergie spécifique* des neurones.

Par contre, *les éléments différents représentent en même temps des systèmes différents de l'affinité chimique* et, ce qui s'ensuit, les types différents de la réaction de nutrition, selon l'espèce de protoplasme de l'élément considéré. Ce protoplasme, conformément à sa nature, demande des substances nutritives différentes ou en proportions différentes pour pouvoir se régénérer.

Nous pouvons en juger par les faits suivants : 1° Le sang veineux a une composition chimique différente, s'il provient de différentes régions des tissus, bien que le sang artériel soit partout le même ; c'est ce qui nous prouve l'existence de réactions diverses entre les éléments et le milieu. 2° Les proportions des substances éliminées de l'organisme changent selon que prédomine le travail musculaire ou le travail mental ; la raison de ces différences doit être cherchée dans les différentes réactions élémentaires des groupes histologiques actifs selon le cas. 3° Ont aussi la même signification les différences chimiques du tissu musculaire et du tissu nerveux, de même que des substances intercellulaires du tissu conjonctif et des produits spéciaux de l'épithélium (comme kératine, pigments, etc.) ; ces différences ne peuvent provenir que de la diversité du type chimique de la nutrition du protoplasme des éléments. — Ces trois sortes de faits indiquent la différenciation de la

réaction d'assimilation et de désassimilation, différenciation qui comprend les espèces histologiques
fondamentales. On peut supposer cependant que
cette différenciation s'étend beaucoup plus loin et
qu'elle porte sur des groupes isolés de neurones,
même sur ceux qui ne montrent pas de différences
morphologiques.

C'est dans ce sens-là que paraissent plaider les
phénomènes *de l'action élective des poisons* sur
les différents éléments nerveux ; ainsi, par exemple,
le curare agit exclusivement sur les terminaisons
périphériques des neurones moteurs ; la strychnine,
sur les anastomoses réflexes des neurones du cerveau
et de la moelle ; la santonine, à part quelques mouvements réflexes (comme par exemple vomissements),
agit exclusivement sur certains éléments de la rétine
(paralysie des éléments violets, vision en jaune) ;
l'atropyne et la nicotine paralysent les terminaisons
cardiaques du nerf pneumogastrique ; l'hypopbysine
(produite par la glande pituitaire) les excite ; l'iodothyrine, fabriquée par la glande thyroïde, provoque
surtout la diminution de l'excitabilité des centres
vasomoteurs et des nerfs accélérateurs du cœur ;
l'iode augmente cette excitabilité (Cyon). D'autres
substances agissent avant tout sur les neurones
sécréteurs (comme par exemple la pilocarpine) ou sur
les centres cérébraux supérieurs (par exemple, le pro-
toxyde d'azote). Cette influence, qui est ou une excitation temporaire de l'activité des neurones ou bien
leur paralysie, doit porter sur la réaction chimique
de leur vie élémentaire, et elle excite ou arrête cette
réaction. Les différences observées dans les symptômes
fonctionnels démontrent que la même substance
toxique a affaire *avec des conditions chimiques*

diverses dans les différents groupes des éléments nerveux. Le même fait se révèle aussi par les différences des changements morphologiques, observés par Nissl, dans le noyau et dans les fibrilles du cytoplasme des différentes cellules nerveuses qui subissaient l'action du même poison. Bien plus, les faits, comme celui de l'action élective de la santonine sur quelques-uns seulement des neurones de la rétine, ou comme celui de l'action sur la peau de certaines substances anesthésiques qui suppriment la douleur, tout en laissant la sensation du contact, peuvent nous suggérer l'hypothèse que la différenciation du protoplasme et du processus de nutrition existe même dans les neurones d'un même groupe sensitif (1).

Les produits chimiques de la fatigue nerveuse présentent aussi une action élective et ils n'influent pas de la même manière sur tous les neurones d'une région donnée de l'écorce ou des centres sensoriels inférieurs. Nous savons, par exemple, que l'attention fatiguée dans un sens recouvre sa fraîcheur, si elle se porte sur un autre objet, même s'il fait partie du même domaine de la perception sensorielle. Dans les expériences de Delabarre (2), ce phénomène a été démontré d'une façon objective, en observant l'in-

_____

(1) D'autres substances aussi paraissent exercer une semblable action élective, comme celle de la santonine sur les éléments de la rétine. Féré, par exemple, a observé une femme qui était atteinte d'une anorexie nerveuse et qui, chaque fois qu'elle avait mangé quelque chose d'assaisonné avec du vinaigre, voyait tout en rouge pendant quelques minutes, ensuite en vert clair, ce qui durait parfois une heure. Des faits pareils ont été observés aussi par Bleuler, Lehmann, Sollier (Voy. Féré : *Pathologie des émotions*, p. 33).

(2) Delabarre, « L'influence de l'attention sur les mouvements respiratoires », *Revue philosophique*, 1892.

fluence exercée par la tension d'attention sur les
mouvements respiratoires. A mesure que l'attention
concentrée sur le bruit d'un des deux métronomes à
battements se fatiguait, la respiration changeait aussi
sa vitesse et son amplitude ; en fixant cependant son
attention sur l'autre métronome, on recouvrait la
facilité de perception, et en même temps la respiration devenait plus normale ; l'attention, fatiguée pour
la perception d'un bruit, n'était pas cependant fatiguée pour percevoir l'autre bruit, très ressemblant à
celui-là. Si nous admettons, ce qui paraît être le plus
vraisemblable, que la fatigue des éléments nerveux
résulte de l'épuisement de l'aptitude chimique de
leur milieu, à la suite de l'accumulation des produits
de désassimilation, qu'elle est donc une sorte d'auto-
intoxication avec des substances fabriquées par ces
éléments eux-mêmes, le phénomène considéré va se
présenter comme une différence chimique de deux
groupes de neurones très proches, différence qui se
manifeste en ce que les mêmes substances de désassimilation qui entravent la nutrition d'un groupe
(fatigué par la perception du premier bruit) n'influent
pas cependant sur la nutrition des neurones voisins
de l'autre groupe (neurones qui entrent en jeu dans
la perception du deuxième bruit), bien que la proxi-
mité de ces deux groupes fasse supposer la présence
de ces substances toxiques dans les deux milieux
nutritifs. C'est ce qui prouverait une différenciation
chimique entre les neurones d'un même groupe sensoriel, ainsi qu'entre les neurones des centres corticaux correspondants. La même explication pourrait
être aussi appliquée aux phénomènes de la fatigue
élective dans la perception visuelle. Prenons une
figure quelconque des illusions visuelles, par exemple

une ligne brisée. Elle a cette propriété qu'elle peut provoquer deux perceptions différentes : elle peut paraître un escalier (*a*), ou bien un pan de mur dentelé (*b*), selon que nous nous représentons l'espace vide du côté *a* ou du côté *b*. Or, il est bien facile de constater, que la représentation *a* ou *b* ne peut subsister que peu de temps (ce temps est d'ailleurs variable selon la disposition de l'esprit et les individus qui font l'expérience), et ensuite, sans notre vouloir et à notre insu, elle cède la place à son antagoniste, qui bientôt subit le même sort. A cette lutte des représentations correspond, du côté physiologique, l'entrée alternative en activité de deux groupes de neurones, périphériques et centraux, du domaine du même sens et très rapprochés. Quand le groupe qui correspond à la représentation *a* se fatigue après quelques secondes, l'autre groupe entre alors en jeu ; celui-ci, correspondant à la représentation *b*, est disposé à agir par la même concentration de l'attention sur la figure donnée. C'est ce qui veut dire que les produits de fatigue du premier groupe ne paralysent pas la réaction chimique du second, quoiqu'ils puissent se trouver dans le milieu de celui-ci. La fatigue qui se produit dans ce cas concerne, à ce qu'il semble, non seulement le fonctionnement des parties de l'écorce, qui correspondent à l'activité de l'attention représentative, mais aussi certains groupes d'innervation motrice de l'œil, car, selon la direction où se maintient le point de la vision la plus nette, en *a* ou en *b*, apparaissent deux représentations différentes, deux modes différents de la perception de la ligne.

Quant à la fatigue élective des neurones *visuels* périphériques, elle se manifeste par les phénomènes connus du contraste des couleurs, par l'apparition des couleurs complémentaires et les modifications dans la coloration des images consécutives. Ces phénomènes sont expliqués, dans la théorie Young-Helmholtz, par la fatigue d'un des trois genres d'éléments de la rétine, lesquels correspondent aux trois couleurs fondamentales ; par conséquent, un des composants de la sensation visuelle manque, et les modifications dans la coloration des images apparaissent. Cette fatigue ne peut être attribuée, comme le désirent certains auteurs, à la destruction du pourpre rétinien. D'abord, parce que rien ne démontre que celui-ci soit différencié chimiquement de manière que les rayons d'une couleur ne le décomposent que dans les éléments excités par eux, en l'épargnant dans tous les autres éléments, ce qui serait nécessaire vu que la fatigue ne concerne qu'un seul genre d'éléments. Ensuite, parce que le pourpre rétinien ne se trouve que dans les articles externes des bâtonnets et manque dans les cônes, donc dans la tache jaune aussi, c'est-à-dire dans ces éléments de la rétine qui semblent être exclusivement sensibles aux différences qualitatives de la lumière ; dans l'obscurité, le pourpre rétinien se régénère, et l'œil, qui demeure un temps plus long dans ces conditions, devient beaucoup plus sensible aux différences d'intensité de la lumière, tandis que sa sensibilité aux couleurs reste invariable, ce qui nous prouve aussi qu'elle est indépendante de la présence du pourpre. Si nous expliquons cependant le fait de la fatigue unicolore de la rétine, comme *auto-intoxication* des éléments nerveux correspondants par les produits de désassimilation, nous aurons dans les phénomènes des couleurs complémentaires une manifestation de l'action élective de ces produits sur les neurones du même

groupe, action qui ressemble à celle de la santonine
par exemple (et qui prouve la différenciation chimique de ces neurones). Cette *auto-intoxication* de
la rétine on peut la comprendre de deux manières :
si nous nous mettons au point de vue de la théorie de
HELMHOLTZ, l'intoxication rétinienne serait le passage
de certains éléments et de leur milieu nutritif à l'état
de l'impuissance chimique de la réaction (à cause de
la saturation du milieu nutritif par les produits de
désassimilation). Mais, admettant la théorie de HERING
et son nouveau développement présenté par G. E.
MÜLLER (*Zür Psychophysik der Gesichtsempfindun-
gen, Zeits. f. Psych. u. Phys. d. Siun.*, X, XIV), on
doit concevoir l'intoxication comme le changement du
système de réaction chimique de nutrition concernant les mêmes éléments anatomiques. D'après cette
théorie de « couleurs antagonistes » il existe six processus rétiniens chimiques principaux, auxquels correspondent six différents processus psychiques :
blanc-noir, rouge-vert. jaune-bleu. Ils constituent des
couples de réactions antagonistes qui s'accomplissent
simultanément dans le même milieu nutritif ; c'est-à-
dire que si les particules α et β de deux substances
A et B qui sont en contact mutuel produisent des
particules α^1 et β^1 de substances A^1 et B^1, la réaction
contraire est aussi possible en même temps. c'est-à-
dire le passage de $\alpha^1 A^1 + \beta^1 B^1$ à $\alpha A + \beta B$. L'image
d'une couleur complémentaire correspondrait donc à
l'épuisement de la réaction dans un sens et à la pré-
pondérance de la réaction dans le sens opposé, c'est-
à-dire à la transformation d'un système chimique
des éléments avec leur milieu en un autre système,
lequel reste cependant un système conservateur, organique, puisque la réaction qui s'y passe ne détruit

pas les éléments nerveux. Si c'est par exemple la
lumière blanche qui agit sur la rétine, dans ce cas
l'intensité de la réaction chimique qui correspond à
la sensation du blanc (transformation de substances
A B en $A^1 B^1$) est plus grande que l'intensité de la
réaction correspondant à la sensation du noir (transformation de substances $A^1 B^1$ en A B). Cependant,
après un certain temps, la quantité de substances
chimiques du noir ($A^1 B^1$) s'accumule et les substances
chimiques du blanc (A B) diminuent. Lorque l'action
de la lumière cesse, la réaction chimique rétinienne
s'accomplit dans le sens A B et donne la sensation du
noir ; c'est l'image négative. Dans cette manière de
voir il faudrait admettre que les éléments rétiniens
sont capables d'accomplir deux processus nutritifs
dans deux milieux différents, et que la réaction opposée, entre l'élément et le milieu changé par les produits de la réaction précédente, est aussi une sorte de
nutrition de l'élément, car, dans le cas contraire, elle
serait d'une nature catabolique et tendrait à la destruction de l'élément. Aux deux couleurs différentes
correspondent donc deux processus chimiques différents, mais concernant le même élément morpholo-
gique. D'après la théorie de Müller, il s'en suivrait
aussi que les produits de désassimilation d'un groupe
des éléments rétiniens modifient la réaction avec le
milieu, non pas seulement de ces éléments, mais aussi
des éléments voisins. Le contraste simultané des couleurs serait expliqué, d'après cette théorie, par la
supposition que la réaction chimique évoquée par
l'excitant sur un point de la rétine évoque aussi par
elle-même la réaction opposée dans les points am-
biants. C'est ainsi par exemple qu'un morceau de papier gris sur un fond rouge nous paraît être verdâtre.

— —

La même explication peut être appliquée aussi à la fatigue des neurones *olfactifs*. Cette fatigue par des odeurs a un caractère électif et n'atteint pas au même degré tous les éléments. Ainsi, par exemple, la fatigue par l'odeur d'une solution alcoolique d'iode, ne modifie presque pas la sensibilité à l'odeur de l'éther ; tandis qu'elle émousse la sensibilité pour l'odeur de citron, de noix de muscade, de térébenthine, de bergamote, d'œillets ; elle est complètement abolie pour l'odeur d'alcool et de copahu. La fatigue causée par l'odeur d'hydrosulfure d'ammoniaque, laisse intègre la sensibilité olfactive pour les odeurs d'huiles essentielles et de coumarine, mais elle l'abolit pour l'odeur d'hydrogène sulfuré, d'acide chlorhydrique et de l'eau bromée à la dilution de 1 pour 1000 (1). De même, la solution alcoolique de l'acide gymnema agit d'une manière élective sur la sensibilité *gustative* : la friction de la langue par cette solution amène la disparition totale de la sensibilité pour le doux et en partie pour l'amer, ce qui peut durer quelques heures (V. Guy, *Ueber Substanzen welche die Geschwaers Empfindungen beeinflassen*. Dissert. Würzburg, 1896).

(1) Voy. Passy, « Revue gén. sur les sensations olfactives », *Année psych.*, II, 1895.

CHAPITRE II

La recherche du corrélatif physiologique d'une perception visuelle

—

Passons maintenant à la définition du corrélatif physiologique de la conscience. Nous ne pouvons admettre qu'aux différents états de conscience correspondent les différentes transformations moléculaires *des mêmes* éléments nerveux, provenant des divers excitants *différents*, car nous savons que *les différents excitants, en agissant sur les mêmes éléments, provoquent toujours la même sensation*. En second lieu, nous savons aussi, qu'à chaque qualité distincte de sensation, dans le domaine d'un même sens, correspondent *des éléments nerveux distincts*, qui ne peuvent être remplacés par aucun autre, quelles que soient les excitations employées. Le phénomène du froid paradoxal, observé par ALRUTZ, en est un exemple frappant, de même que toutes les manifestations de la différenciation de la peau et de la rétine. D'autre part, la fatigue élective de l'attention, même dans les limites de la perception d'un même genre de sensations, nous laisse admettre qu'*à la moindre modification de la perception correspond l'entrée en activité de nouveaux neurones de la substance corticale*, lesquels n'ont pas subi la fatigue, en raison de quoi la conscience, obscurcie dans une perception, recouvre sa clarté primitive dans l'autre. Par conséquent, on peut admettre que les conditions physiologiques, correspondant aux modifications de la conscience, ne consistent pas dans les diverses transformations de la substance nerveuse, mais dans *la formation de divers groupes actifs des neurones,* c'est-à-dire des neurones qui accomplissent leur acte de nutrition élémentaire. Au même groupe dynamique correspond toujours le même état de conscience. Lorsqu'il disparaît, cela veut dire que ce groupe a passé à l'état de repos, à l'état de vie latente ; lorsqu'il est remplacé par un autre état de conscience, cela veut dire qu'un nouveau groupe de neurones vient d'être excité pour accomplir sa réaction nutritive avec le milieu de la lymphe. Ainsi donc, toute variation qualitative des phénomènes psychiques, qui continue sans interruption pendant tout le temps de veille, se présente, du côté physiologique, comme *une série des mises en liberté des affinités chimiques dans les différents groupes de neurones,* lequel phénomène se produit sous l'influence des excitations périphériques ou centrales provenant du fonctionnement des groupes précédents. Nous voyons différemment le rouge et le vert, la table et l'homme, parce qu'il y a d'autres éléments de la rétine qui sont excités, et d'autres éléments cérébraux qui s'associent à ceux-là pour coopérer. Si nous pouvions exciter artificiellement les mêmes groupes au moyen d'un même agent, par exemple de l'électricité, nous obtiendrions les mêmes états de conscience, sans aucune action de la lumière et sans objets extérieurs ; nous créerions une réalité psychique qui ne différerait en rien, pour nous, de la réalité du monde extérieur. De même aussi, la succession des représentations, en se

développant dans des séries d'associations ou de
pensées est conditionnée, du côté physiologique, par
la causalité mécanique, qui décide quel groupe des
nouveaux neurones corticaux va être excité par le
groupe qui fonctionne au moment donné, c'est-à-
dire dans quelle direction va se transmettre, dans la
substance cérébrale, la mise en liberté des affinités
chimiques des divers systèmes, que forment les éléments avec leur milieu nutritif.

Soit un état de conscience (α), par exemple la perception visuelle d'une rose rouge, dont nous voulons
trouver le corrélatif physiologique. Au moment
donné, cet état est notre conscience tout entière,
puisqu'il exclut tous les autres états simultanés.
C'est un axiome empirique d'expérience interne, car
nous n'avons jamais en même temps un double cours
de pensées, ni une double série d'associations, ce qui
serait inévitable, si deux états de conscience pouvaient exister simultanément.

Du côté subjectif, ce moment présente des qualités
diverses : celles de la couleur, de la forme, de la
distance, du contact, de l'odeur, d'un certain ton
émotionnel, etc., etc., lesquelles ne sont distinguées
par nous que dans notre pensée, en tant que caractères d'un objet ; mais en dehors de la pensée, dans
la sensation même, elles constituent un seul état psychique, d'un caractère particulier, ayant pour notre
pensée la valeur d'une certaine connaissance définie.
La détermination du corrélatif de cet état, c'est-à-
dire son explication au point de vue de la causalité,
en tant qu'effet d'un excitant, consisterait, d'après ce
que nous avons dit plus haut, dans la recherche des
groupes de neurones qui fonctionnent au même moment, et qui sont indispensables pour que ce moment

se présente du côté subjectif, comme la perception donnée d'une « rose ».

En premier lieu, nous avons ici une observation banale qui peut nous servir de premier indice. Comme toute lésion de la rétine ou du nerf optique, de même que tout ce qui l'empêche d'être excité, rend impossible l'apparition de l'état de conscience visuel, nous pouvons être sûrs que le fonctionnement des neurones visuels appartient au corrélatif de cet état. Ce groupe, dans la perception donnée, se borne seulement à certains points strictement déterminés de la rétine, comme on peut s'en persuader au moyen des optographes de Boll et de Kühne (1), à certains éléments donc du nerf optique, lesquels sont en contact avec ces points. Outre cette région de la rétine où tombe l'image lumineuse d'un objet donné, il faut considérer seulement une certaine catégorie d'éléments qui correspondent à la sensibilité chromatique, comme appartenant au corrélatif, car nous connaissons les faits d'achromatopsie *partielle* de l'œil, dans laquelle la rose rouge serait vue comme noire, ce qui veut dire que seulement un certain genre d'éléments coniques et de cellules du nerf op-

---

(1) Le pourpre rétinien se décompose sous l'action de la lumière, mais l'alun a la propriété de le préserver de cette influence. Boll et Kühne, en immergeant dans une solution d'alun un œil de grenouille ou de lapin, exposé préalablement, un moment avant la mort, à l'action d'un objet fortement éclairé, obtenaient sur la rétine l'image fixée de cet objet, dénommé par eux optographe. On peut supposer que la décomposition du pourpre rétinien, laquelle se produit sous l'influence de la lumière, soit un processus corrélatif de l'excitation des éléments nerveux de la rétine, et q e l'endroit occupé sur la rétine par l'image fixée dans le pourpre, corresponde justement à la distribution des éléments excités.

tique contiguës à ceux-ci, est indispensable pour que l'état de conscience donné puisse apparaître. De cette façon, nous pouvons déterminer approximativement quels sont les neurones visuels *périphériques* qui appartiennent au corrélatif du mouvement psychologique considéré.

Ensuite, nous pouvons constater aussi la part qu'y prennent les centres cérebraux inférieurs. Nous savons d'abord que la section des nerfs optiques rend la vision impossible, quoique leurs cellules se trouvent dans la rétine. Les fibres des nerfs optiques, par l'intermédiaire des ramifications collatérales du cylindre-axe, sont en contact avec des prolongements protoplasmiques des cellules de quelques groupes centraux différents : du pulvinar de la couche optique, des tubercules quadrijumeaux antérieurs et des corps genouillés externes. Tous ces centres cependant n'ont pas la même importance pour le processus de la vision. D'après l'observation de HENSCHEN, la dégénérescence presque complète du pulvinar n'amène pas l'hémianopsie, si le corps genouillé externe est bien conservé ; de même, malgré une lésion sérieuse des tubercules quadrijumeaux, aucun trouble de la sensibilité lumineuse n'apparaît, au moins chez l'homme. Au contraire, toute lésion des corps genouillés externes provoque toujours la cécité. On tire la même conclusion de l'observation de PICK : les tubercules quadrijumeaux antérieurs dégénéraient sans amener des troubles essentiels de la vision ; on n'y observait que les troubles *moteurs* des yeux et de la pupille. Chez l'homme donc, ces tubercules n'ont d'importance que comme centres réflexes, bien que chez les mammifères inférieurs, de même que chez les oiseaux et les poissons, ils jouent le rôle du centre

propre de la vision (1). D'après FLECHSIG, la tache
jaune (*macula lutea*), région de la vision nette de la
rétine, n'a de rapports immédiats qu'avec les corps
genouillés externes; tandis que les parties périphériques de la rétine transmettent les excitations à la
couche optique et aux tubercules quadrijumeaux antérieurs (2).

Ces faits nous permettent de juger quels sont les
groupes de neurones périphériques et centraux sous-
corticaux qui entrent nécessairement en état actif,
lorsque du côté subjectif la vision d'une chose apparaît. C'est, d'abord, le groupe des neurones antérieurs dont les cellules se trouvent dans la rétine, et
dont les prolongements cylindre-axiles forment les
fibres des nerfs optiques, du chiasma et des bandelettes optiques, en touchant avec leurs ramifications
terminales les tiges protoplasmiques des cellules du
corps genouillé externe ; ensuite, l'autre groupe,
celui des neurones postérieurs, dont les cellules
forment les centres des corps genouillés externes, et
dont les prolongements cylindre-axiles traversent la
partie postérieure de la capsule interne et rayonnent
vers l'écorce cérébrale (radiations optiques de Gra-
tiolet), en poussant des ramifications entre les
diverses couches des cellules nerveuses qui tapissent
le fond et les lèvres de la scissure calcarine du lobe
occipital. Une lésion quelconque de cette voie nerveuse rend impossible en même temps le processus
subjectif de la vision.

Nous savons cependant aussi que le processus
subjectif de la vision est rendu de même impossible

---

(1) J. SOURY, *Système nerveux central*, pp. 1397-8.
(2) *Ibid.*, pp. 626-7.

par l'ablation ou une lésion de la région corticale où
se ramifient les neurones optiques postérieurs, c'est-
à-dire de la région interne de l'écorce des lobes
occipitaux. « L'analyse de tous les cas » — dit
HENSCHEN — « que j'ai pu recueillir m'a convaincu
qu'une lésion corticale n'amène l'hémianopsie que
quand on détruit l'écorce de la scissure calcarine ou
bien les fibres optiques qui unissent cette partie du
lobe occipital au corps genouillé externe » (1). Le
fait cité par HUN démontre qu'une atrophie de la
lèvre supérieure de la scissure calcarine du lobe
occipital amène la cécité dans le quart inférieur du
champ visuel des deux yeux; l'observation de WIL-
BRAND prouve que la lèvre inférieure de cette scissure
correspond à la partie supérieure du champ visuel (2).
HENSCHEN appelle toute cette région « rétine calcarine », lieu du rayonnement fonctionnel des éléments
de la rétine périphérique ; du côté interne de la
scissure cette région s'étend sur le cunéus et le
lobule lingual (lingula), du côté externe — sur les
circonvolutions O_1 et O_2 ; d'après MONAKOW, elle
comprend aussi les parties postérieures des circonvolutions P_1 et P_2; cependant la région corticale propre,
sur laquelle agissent les éléments du corps genouillé
externe, est limitée au cunéus et au lobule lingual (3).
Cette région présente une différenciation histologique
qui la distingue des autres. On y rencontre des
couches de granulations qui rappellent celles de la
rétine ; et les couches distinctes de neurones, situées

---

(1) J. SOURY, loc. cit., p. 1402.
(2) Ibid., p. 1403.
(3) Ibid., p. 1452.

les unes sur les autres, atteignent le nombre de huit
(FLECHSIG) (1).

On peut donc supposer que, quand un groupe
défini d'éléments de la rétine fonctionne sous l'influence d'une impression donnée, les excitations centrales qui en résultent se communiquent seulement
à quelques-uns des neurones du corps genouillé
externe et de l'écorce optique, en formant des groupes
correspondants dynamiques qui ne peuvent être
remplacés par aucun autre, dans le processus subjectif de la perception donnée. Cette supposition de
l'activité différenciée des éléments optiques centraux
trouve sa confirmation dans l'expérience de BÉCLARD
et PARINAUD (2), qui peut être facilement contrôlée
par tout le monde. Elle consiste en ceci : on ferme
l'œil gauche, et avec l'œil droit on fixe le point central d'un disque rouge sur du papier blanc ; après
quelque temps, quand l'œil est déjà fatigué, on écarte
le disque, on ferme l'œil droit et on regarde le
papier blanc avec l'œil gauche qui n'était pas impres-
sionné. On constate alors le phénomène suivant : tout
d'abord, le fond blanc du papier s'obscurcit, ensuite
y apparaît l'image du disque colorée en vert, c'est-à-
dire la même image consécutive complémentaire que
donnerait l'œil droit, réellement fatigué à cause
d'une longue fixation du disque rouge. Ce phénomène peut être expliqué de la façon suivante : nous
savons que les fibres des nerfs optiques de l'homme
ne s'entrecroisent dans le chiasma qu'en partie,
c'est-à-dire qu'à chacun des centres symétriques,
sous-corticaux et corticaux, arrivent les terminaisons

(1) J. SOURY, pp. 727-728.
(2) Société de biologie, le 13 mai 1882.

des neurones des deux rétines. L'excitation qui, partant du disque rouge, agit sur la rétine droite, fatigue une certaine région des éléments périphériques qui correspondent à elle, et en même temps se transmet par les fibres du nerf à certains éléments centraux avec lesquels ces fibres sont en contact ; ces éléments donc doivent fonctionner de la même manière que les périphériques et ils se fatiguent de même après quelque temps. Mais, comme à côté de ceuxlà, il y a aussi les terminaisons des neurones périphériques de la rétine gauche qui arrivent au même centre, le fonctionnement de ce centre doit donc exciter aussi les neurones de l'œil gauche, lesquels par conséquent fonctionnaient à l'égal des neurones de l'œil droit. Comme résultat définitif nous avons donc la fatigue d'un groupe d'éléments de la rétine gauche, de l'œil fermé, du même groupe qui était fatigué par l'impression du disque rouge sur la rétine droite, avec cette seule différence que dans le premier cas la fatigue était provoquée par des excitations centrales et non pas extérieures. L'apparition de l'image consécutive complémentaire dans le champ visuel de l'œil qui n'a pas vu l'objet réel est le symptôme de la fatigue d'origine centrale. Or, attendu que dans le centre optique il y avait seulement la fatigue partielle d'éléments qui correspondait exactement à la quantité et à la qualité des éléments excités de la rétine, comme cela est prouvé par l'apparition dans l'œil gauche de l'image complémentaire de la même forme et de la même grandeur que l'image réelle de l'impression, nous sommes obligés d'admettre que dans ce sens il existe une différenciation fonctionnelle d'éléments, et que dans la perception de l'objet donné rouge quelques-uns seulement de neurones de ce centre sont actifs, ceux notamment qui sont en contact avec les neurones excités de la rétine.

En s'appuyant sur les observations expérimentales et cliniques citées ci-dessus, on peut admettre que l'état actif des trois groupes susmentionnés des éléments nerveux — de ceux de la rétine, des corps genouillés et de l'écorce cérébrale de la région de la scissure calcarine — est une condition physiologique indispensable de l'état subjectif de la vision. La perception proprement dite cependant, en tant que connaissance définie de l'existence d'un objet, peut ne pas apparaître (nous le verrons plus loin), malgré le maintien de cette condition. Nous ne pouvons donc adopter, pour corrélatif psychique du fonctionnement de ces groupes, *la perception* visuelle proprement dite, en tant qu'état intellectuel d'une nature symbolique, mais seulement celle des propriétés subjectives de cette perception qui dépend immédiatement des excitations de la rétine, et que nous distinguons dans l'objet donné comme sensation de couleur et de lumière. Nous pouvons en juger que, ce qui disparaît subjectivement à la suite d'une lésion d'un de ces groupes, ce n'est ni le symbolisme intellectuel de l'impression visuelle (parce que la cécité psychique peut apparaître même malgré la conservation de la rétine corticale), ni le caractère spatial ou émotionnel de cette impression (parce que ces caractères peuvent changer, malgré le fonctionnement des groupes susmentionnés), mais seulement la sensation lumineuse elle-même. C'est la cécité sensitive et non mentale. Ce qui disparaît, c'est le signe sensoriel lui-même de la perception, le point réel autour duquel le symbolisme intellectuel s'accumule et se développe.

Les observations que nous avons citées ne peuvent cependant décider encore à quel degré la coopération fonctionnelle du centre optique de l'écorce cérébrale est indispensable pour que l'état de conscience apparaisse sous l'action des excitations rétiniennes ; c'est-à-dire elles ne peuvent décider, si le fonctionnement des centres sous-corticaux seuls n'est pas accompagné de l'état subjectif correspondant à ces excitations. Une lésion de l'écorce optique, comme nous l'avons vu, provoque la cécité *sensitive* ; nous savons cependant, d'après l'observation de Von Monakow, que l'ablation de cette région de l'écorce provoque une dégénérescence rétrograde des corps genouillés externes, des tubercules quadrijumeaux antérieurs et du pulvinar ; en raison de cela, le fait de cécité pourrait être attribué non à la disparition des centres corticaux, mais à la dégénérescence de ces groupes sous-corticaux de la substance grise. Contre cette supposition paraissent plaider quelques faits cliniques, cités par Henschen et par d'autres, où le ramollissement, strictement limité à la surface interne de l'écorce du lobe occipital, dans la région de la scissure calcarine, provoquait la cécité complète et permanente, bien que les nerfs optiques, le chiasma, les bandelettes optiques, les corps genouillés externes, la couche optique et les tubercules quadrijumeaux antérieurs fussent intacts (1). Ce qui voudrait dire que le fonctionnement des centres sous-corticaux seuls n'est pas encore une condition physiologique suffisante pour que la conscience des excitations de la rétine apparaisse et que la cécité occasionnée par leur lésion ne provient que de ce que

_____

(1) Voy. Soury, *loc. cit.*, pp. 1402 et 1475.

la voie par laquelle ces excitations arrivent aux
centres corticaux a été rompue.

Le chien de Golrz, auquel on a extirpé totalement
l'écorce cérébrale, ne présente pas une explication
satisfaisante de cette question. En extirpant l'écorce,
on a lésé aussi le corps genouillé externe du côté
gauche; l'autopsie a montré le ramollissement des
corps striés, des couches optiques et des tubercules
quadrijumeaux gauches; donc les changements qui
sont survenus dans la vision de l'animal ne peuvent
être attribués au seul fait de l'ablation de l'écorce. Ce
qui apparaît bien nettement dans ces changements,
c'est seulement la cécité psychique, l'absence du symbolisme mental des impressions, l'incapacité de reconnaître les objets et, ce qui en résulte, l'incapacité
d'agir conformément à un but; par contre, la question
de conservation ou de disparition de la sensibilité
lumineuse reste non résolue. Le chien ne sait pas
éviter des obstacles, en marchant, il tombe sur des
objets. Mais cela ne veut pas dire encore que toute
sensibilité provenant des excitations de la rétine soit
perdue; car, pour éviter des objets, l'impression
lumineuse seule ne suffit pas; il faut encore que cette
impression soit reconnue comme objet extériorisé
dans une certaine direction et matériel, qu'elle s'associe à la sensation d'une résistance, à un état tactile
et musculaire, et provoque une adaptation correspondante des mouvements, adaptation au but, acquise
précédemment. L'objet donc peut être *senti* en
quelque sorte, comme impression visuelle pure,
dépouillée de ses associations, dépourvue de son
symbolisme, et, malgré tout, cet objet ne sera pas
évité, ne provoquera pas de mouvements conformes
au but, et c'est parce qu'il est senti seulement et non

pas reconnu, parce qu'il apparaît comme état de conscience indéfini, non intellectuel. De même, l'immobilité et l'expression, comme égarée, des yeux du chien, dans l'exemple donné, ne prouvent que l'interruption de la voie qui unit l'impression lumineuse aux mouvements des muscles oculaires et à toute la mimique du visage et de la tête, qui avait été élaborée par l'expérience et qui exige nécessairement la reconnaissance de l'objet ; elles ne signifient pas cependant que l'impression lumineuse elle-même cesse d'exister. Par contre, la contraction de la pupille sous l'influence de la lumière et la fermeture des paupières, mouvements réflexes qui exigent le passage de l'excitation du nerf optique au nerf oculomoteur commun, l'état actif donc des centres sous-corticaux qui sont liés aux éléments de la rétine, laissent à supposer qu'il y apparaît aussi un état de sensibilité, correspondant au fonctionnement de ces centres, quoique un pareil état, étant dépourvu de tout symbolisme mental, et par conséquent de finalité des mouvements musculaires, ne puisse être constaté d'une façon objective. Son existence doit rester un fait purement hypothétique, bien qu'il soit impossible de nous démontrer qu'il n'apparaisse pas du tout. Si nous partons cependant du principe général que le fonctionnement d'un groupe de centres nerveux a aussi son expression quelconque du côté de l'expérience subjective, en tant qu'état de conscience, nous devons plutôt admettre la réalité effective du phénomène interne, sous réserve seulement qu'il ne peut être un état intellectuel, une connaissance définie, une perception.

On pourrait aussi de la même façon interpréter la psychologie de la vision chez l'enfant, avant le cin-

quième mois de sa vie, c'est-à-dire dans la période où
la radiation optique de son cerveau n'est pas encore
développée, grâce à quoi les excitations visuelles ne
peuvent parvenir à l'écorce des lobes occipitaux ; l'action de celles-là se borne alors aux neurones antérieurs
de la voie optique et aux centres sous-corticaux et
ne peut ni provoquer des mouvements oculaires, ni
s'associer aux excitations des autres sens. Nous ne
pouvons cependant affirmer, à cause de cela, que
l'enfant soit absolument aveugle, c'est-à-dire qu'aucun
état de conscience n'accompagne les excitations de sa
rétine. Nous pouvons dire seulement que, si un état
de conscience apparaît alors, ce n'est en tout cas ni
une impression reconnue, car il ne s'associe pas aux
expériences des autres sens, ni une impression localisée et extériorisée, car il ne s'accompagne ni des
mouvements des muscles oculaires, ni des traces
d'une expérience quelconque tactile et musculaire.

Supposons cependant que le fonctionnement de tous
les trois groupes des neurones, c'est-à-dire du groupe
rétinien, du groupe sous-cortical et du groupe cortical
des lobes occipitaux, soit une condition *sine qua non*
pour que puisse apparaître le minimum de la conscience provoquée par l'excitation de la rétine. En ce
cas, les premières questions qui concernent l'analyse
de la perception visuelle, au moyen de détermination
de son corrélatif, se présenteront de la façon suivante :
la suppression d'un de ces groupes constitutifs cause
la *suppression totale* de la perception visuelle, c'est-
à-dire qu'aucun état de conscience, lié à l'excitation
de la rétine, n'apparaît plus ; et comme une perception visuelle, nous allons le voir, peut modifier ses qualités d'espace et sa valeur d'un objet
concret, ou même être réduite à une impression indé-

finie, malgré l'action des mêmes excitants externes
sur la rétine et malgré le fonctionnement de ces trois
groupes de la voie optique, nous pouvons conclure
que le fonctionnement de ces groupes de neurones, quoiqu'il joue un rôle principal dans le corrélatif de la perception visuelle, ne forme pas cependant
le corrélatif *complet*; cela veut dire que, séparé
d'autres groupes de neurones, il serait, du côté subjectif, *une autre chose* que la perception, c'est-à-dire
que la connaissance définie de l'existence d'une chose
vue. Les modifications fonctionnelles de ces groupes
ne produisent, du côté subjectif, que la modification
de certaines qualités de la perception. Ainsi, par
exemple, la fatigue de quelques-uns des éléments de
la rétine, fatigue qui, d'après l'expérience de BÉCLARD,
s'étend non seulement sur les terminaisons périphériques, mais aussi sur toute la voie optique, se traduit par le changement de la couleur de l'objet. Les
changements quantitatifs des excitations rétiniennes
se traduisent, du côté subjectif, par le changement
de l'intensité lumineuse ou de la grandeur de l'objet;
tandis que sa localisation dans l'espace, la signification que nous lui donnons et la manière dont nous la
sentons, peuvent rester sans changement.

Par la même méthode, c'est-à-dire au moyen d'expériences qui démontrent la *modification* subjective
de la perception, quand un groupe de neurones qui
fonctionnent se modifie, nous pouvons découvrir les
composants ultérieurs de son corrélatif physiologique. Commençons par la part qu'y prend *l'innervation motrice* de l'œil. En supposant l'état des choses
où toutes les autres conditions physiologiques de la
perception visuelle restent les mêmes, nous prenons
le cas où il n'y a de changé que l'activité des élé-

ments moteurs du globe oculaire. Un cas pareil apparaît, par exemple, dans la paralysie partielle du muscle droit externe. Alors, l'œil peut se tourner vers l'objet qui se trouve de côté, mais pour exécuter ce mouvement on a besoin d'un plus grand effort nerveux, d'une plus forte excitation centrifuge que dans les conditions normales. A cause de cette différence, l'objet paraît se trouver plus en dehors qu'il n'y est réellement, et la main qui veut le toucher se trompe dans sa localisation dans l'espace (1). Dans ce cas, c'est le caractère *de la direction*, de la situation de l'objet vu qui est modifié, conformément à la théorie de LOTZE, d'après laquelle la localisation dans l'espace des images rétiniennes, dépend de l'amplitude du mouvement que le globe oculaire doit exécuter pour diriger sur l'objet donné le point central de la rétine, point de la vision la plus nette.

Les conditions de l'innervation motrice influent aussi sur la *grandeur* de l'objet que l'on perçoit. Si l'on prend deux lignes de même longueur réelle, une horizontale et l'autre verticale, la verticale nous paraît plus grande que l'horizontale; les images rétiniennes sont ici de la même grandeur, et ce n'est que dans une innervation motrice différente, qu'il faut chercher la cause de l'illusion : le mouvement de l'œil de haut en bas, ou dans le sens inverse, exige l'action coordonnée de deux paires de muscles (m. droit supérieur et m. oblique inférieur, m. droit inférieur et m. grand oblique), tandis que dans les mouvements latéraux des yeux, en dehors et en dedans, il n'y a qu'une seule paire des muscles droits qui entre en jeu. En outre, de la disposition ana-

---

(1) WUNDT, *Psych. physiol.*, trad. franç., II, p. 102. ·

tomique il résulte que le muscle droit et son coadju-
teur, le muscle oblique, ne peuvent s'entr'aider que
partiellement. Par conséquent, le premier cas exige
un effort musculaire plus considérable que le deuxième,
à quoi, du côté subjectif, correspond l'illusion de la
longueur plus grande de la ligne verticale. De même,
si nous voulons diviser une ligne verticale en deux
parties égales, la supérieure est toujours un peu
plus petite : la différence moyenne, d'après DELBŒUF,
est de 1/16. Si nous divisons une ligne horizontale
en deux parties égales, en nous servant d'un œil seulement, il y a une tendance à diminuer la moitié externe de la ligne (la moitié droite pour l'œil droit, et
gauche pour l'œil gauche) d'une fraction, qui, d'après
WUNDT, est égale à 1/40. Ces illusions proviennent
de la distribution différente des forces musculaires
qui agissent sur l'œil; avec la même longueur, le
muscle droit inférieur a la section transversale plus
large que le muscle droit supérieur, et, de même
aussi, le muscle droit interne surpasse à cet égard le
muscle droit externe. Par conséquent, pour faire
exécuter au globe oculaire un mouvement de la même
amplitude, le muscle droit supérieur exige une plus
grande énergie d'innervation que le muscle droit inférieur, et le muscle droit externe une plus grande
énergie que le droit interne, ce qui se manifeste
dans les différences subjectives de la perception de
grandeur (1).

Dans la vision normale, il y a trois facteurs physiologiques dont dépend la perception de la *profondeur* : la grandeur de l'image rétinienne (angle visuel), la convergence des yeux (inclinaison des lignes

_____

(1) Voy. WUNDT, *loc. cit.*, II, pp. 107-110.

visuelles), et l'accommodation, avec la différence de
la projection des images sur les deux rétines. Lorsqu'un objet s'éloigne ou s'approche de nous, tous
ces trois facteurs se modifient. Or, dans le stéréos-
cope à miroir de Wheatstone, ces changements, qui
dans l'état naturel des choses, apparaissent comme
corrélatifs et inséparables, se laissent dissocier, ce
qui nous permet d'étudier expérimentalement le caractère de la *profondeur* (ou de la distance). propre
à une perception visuelle. Nous pouvons rapprocher
l'une de l'autre ou les éloigner, les deux images stéréoscopiques, c'est-à-dire agrandir ou réduire les
images rétiniennes, sans changer l'angle d'inclinaison réciproque des deux miroirs, c'est-à-dire sans
changer la convergence des yeux ; dans ce cas, l'objet, vu dans ses trois dimensions, conserve pour
nous la même place, mais il paraît tantôt plus grand,
tantôt plus petit. Si au contraire la distance des
images stéréoscopiques, c'est-à-dire la grandeur des
images rétiniennes, ne change pas, et s'il n'y a que
l'angle d'inclinaison des miroirs qui change, c'est-à-
dire la convergence des yeux, la distance de l'objet
paraît alors plus grande ou plus petite, selon que
l'inclinaison des lignes visuelles diminue (lorsque
l'angle d'inclinaison des miroirs est plus obtus) ou
bien augmente (lorsque cet angle est plus aigu) (1).
Ces expériences démontrent que le facteur moteur,
qui occasionne une plus grande ou plus petite convergence des globes oculaires, prend part au corrélatif de la perception visuelle et que c'est de lui que
dépend notre sensation de la *distance* d'un objet vu.
Le siège cérébral de tout ce groupe des neurones

(1) Voy. Wundt, *loc. cit.*, II, p. 172.

moteurs, dont le rôle actif dans le corrélatif de la perception visuelle est démontré par les expériences susmentionnées, est probablement dans les lobes occipitaux, dans les tubercules quadrijumeaux antérieurs, et dans la substance grise adjacente (qui se trouve au-dessous de l'aqueduc de Sylvius, au niveau des pédoncules cérébraux), lieu d'origine du nerf moteur oculaire commun et du nerf pathétique, ainsi que dans la substance grise, qui se trouve dans le plancher du quatrième ventricule, lieu d'origine du nerf moteur oculaire externe. L'importance des tubercules quadrijumeaux est démontrée par les expériences d'ADAMÜK et de BEAUNIS, faites sur des chiens, des chats et des lapins, en excitant les tubercules *antérieurs* au moyen de courants d'induction. Dans ces expériences, l'excitation du tubercule droit, par exemple, dirigeait les deux yeux à gauche ; l'excitation de la partie moyenne faisait mouvoir les deux yeux en haut ; l'excitation de la partie postérieure et externe, produisait la convergence des deux yeux (1). Chez les mammifères inférieurs, de même que chez les oiseaux et les poissons, ces tubercules jouent le rôle de centres visuels ; mais chez l'homme, comme le démontrent les observations de PICK, de VON MONAKOW et d'autres, ils se sont spécialisés en un centre purement réflexe : les lésions, limitées aux tubercules quadrijumeaux antérieurs, n'ont pas amené de modifications de la sensibilité lumineuse ; par contre, elles ont provoqué constamment des troubles dans les mouvements des yeux et des pupilles (2). La par-

---

(1) Voy. BEAUNIS, *Nouv. élém. de physiol. hum.*, 3ᵉ éd., t. II, p. 739.

(2) J. SOURY, *loc. cit.*, pp. 1398, 1421.

ticipation des centres corticaux des lobes occipitaux à
l'innervation motrice des yeux, est prouvée par les
observations sur des animaux auxquels on a enlevé
l'écorce. L'absence des mouvements oculaires, à
l'exception du réflexe pupillaire, a été constatée chez
le chien de Goltz, malgré la conservation des tubercules quadrijumeaux droits, de même que chez les
animaux étudiés par Munk, auxquels on avait enlevé
l'écorce des lobes occipitaux. On sait aussi que les
animaux nouveau-nés, chez lesquels le rayonnement
des fibres optiques vers l'écorce des lobes occipitaux
n'est pas encore développé, sont incapables de diriger leurs yeux vers les objets dont l'image tombe
sur les parties périphériques de la rétine, et qu'ils
n'acquièrent cette faculté des réflexes optiques, que
lorsque les centres sous-corticaux inférieurs sont réunis fonctionnellement aux centres occipitaux, c'est-à-
dire vers le quarantième jour chez le chien (Steiner),
et dans le cinquième mois chez l'enfant (Rachlmann).
Ce qui prouve que, le réflexe pupillaire excepté,
tous les réflexes passent à travers l'écorce, c'est-à-
dire que les corps genouillés externes sont incapables de transmettre l'excitation dans une autre direction. D'après Sachs, la région de l'écorce des lobes
occipitaux, qui participe spécialement aux mouvements des yeux et qui serait, d'après lui, le siège des
perceptions visuelles *de la forme*, comprend princi-
palement le côté convexe des lobes occipitaux, en
s'étendant aussi sur les lobes pariétaux inférieurs (1).
Les observations susmentionnées sont d'accord aussi
avec les expériences de Schæfer et de Bechterew
sur des singes, lesquelles consistaient dans l'excita-

(1) Soury, *loc. cit.*, p. 1490.

tion de l'écorce au moyen de courants d'induction. Notamment, l'excitation de la région supérieure ou antérieure du lobe occipital amenait les mouvements des yeux vers le bas; l'excitation de la région moyenne amenait les mouvements vers le côté; l'excitation de la région inférieure ou postérieure produisait les mouvements des yeux vers le haut (1).

Cependant, les expériences de ce genre ne sont pas aussi nettement démonstratives que celles qui consistent en l'ablation d'une certaine région de l'écorce, et ce n'est que réunies à celles-ci qu'elles présentent une valeur déterminée. Car une région donnée de l'écorce peut ne pas participer elle-même à un certain réflexe et, malgré cela, elle peut être capable de transmettre l'excitation, qui lui a été communiquée, au centre réflexe convenable.

Tous les groupes susmentionnés de la voie sensitive et de la voie motrice de la rétine ne constituent pas cependant le corrélatif *tout entier* de la perception visuelle. On peut conserver les centres souscorticaux, toute la région optique de l'écorce des lobes occipitaux, de même que toutes les fibres nerveuses qui réunissent ces centres aux éléments périphériques de la sensibilité et des mouvements de l'œil, et le phénomène subjectif de la perception — en tant qu'une connaissance définie, sentie dans l'impression — n'apparaît pas, *si la substance blanche de l'écorce des lobes occipitaux est sectionnée,* c'est-à-dire si les voies qui l'unissent aux autres centres de l'écorce sont rompues. L'impression rétinienne est alors extériorisée et localisée dans l'espace; les animaux évitent les objets qu'ils ren-

---

(1) Soury, pp. 1405, 1411.

contrent en chemin, y accommodent normalement les
réflexes des yeux et de la tête, les voient, mais d'une
autre manière, que l'on pourrait nommer *asymbolique*, non intellectuelle, et qui consiste en ce que
les objets vus ne sont pas *reconnus* et ne provoquent
pas une réaction correspondante de conduite, acquise
par l'expérience préalable. Ce phénomène, connu
aussi chez les hommes sous le nom de « cécité psychique », devrait être appelé proprement « cécité
mentale ». Car ce qui manque alors dans la subjectivité de la vision n'est pas l'impression elle-même,
ressentie comme quelque chose d'extérieur, mais
seulement la reconnaissance de cette impression, sa
perception en tant qu'objet connu, qui se laisse
classer dans une catégorie définie de choses, et à
l'égard de laquelle nous avons déjà des idées faites et
une manière d'agir. Les malades atteints de cet
asymbolisme, dit WERNICKE, voient, car ils évitent
des obstacles qui se trouvent sur leur chemin ;
l'expression de leur visage montre qu'ils entendent ;
en touchant des objets, ils les palpent à l'aide des
mouvements bien adaptés ; toutes ces impressions
cependant restent pour eux *étrangères et inutiles*,
ils ne reconnaissent pas les objets, et toute leur
manière d'être est caractérisée par une apathie pro-
fonde et l'absence de toute impulsion à l'action (1).

En comparant cet état de voir les choses avec celui
qui accompagne les lésions de l'écorce des lobes
occipitaux, étudié plus haut, nous voyons que, dans
le cas où, dans le groupe des neurones actifs, entrent
les centres de l'écorce occipitale et les éléments
moteurs de l'œil qui en dépendent, que dans ce cas

(1) SOURY, *loc. cit.*, pp. 1468-1469.

l'état corrélatif de conscience n'est pas totalement asymbolique, comme dans le cas précédent, mais qu'il présente le *minimum de reconnaissance*, la connaissance la plus simple qu'une impression puisse provoquer, celle notamment qu'il y a *quelque chose* d'externe, de localisé à une certaine distance et dans une certaine direction. La séparation de cette région de l'écorce de tous les autres centres corticaux et, par suite, leur exclusion du groupe visuel actif fait qu'au lieu d'une perception *d'un objet concret*, où se retrouvent les diverses expériences antérieures, et qui évoque les diverses associations, apparaît une perception incomplète, réduite à la connaissance *de quelque chose d'externe, mais d'indéfini et d'ineffable, une impression reconnue partiellement, sans une valeur réelle*. Les expériences des autres sens, dont les souvenirs, dans la vision normale, se développent spontanément d'une perception visuelle en tant que contenu latent de son symbolisme, n'apparaissent point ici, dans la cécité mentale ; en dehors du signe extériorisé de l'impression il n'y a aucun passé des expériences vécues, et c'est pourquoi ce signe sensoriel n'a pas le caractère d'une connaissance concrète et ne peut être ressenti de la même manière qu'une perception normale. Imaginons que la vue du pain, par exemple, soit dépourvue pour nous d'expériences du toucher, du goût, de l'odorat, que nous avons acquises dans les différents moments passés de notre vie ; alors, non seulement l'idée de cet objet, mais aussi la manière dont nous le percevions serait tout autre.

Si donc une telle réduction de la perception visuelle, réduction à une impression sans contenu du passé, apparaît à la suite de la séparation de l'écorce

occipitale de tous les autres centres de l'écorce, alors
nous pouvons conclure que le concours des éléments
des autres régions corticales est une condition
nécessaire pour que la perception apparaisse, en tant
que connaissance concrète, et, deuxièmement, que
les réserves des expériences du passé, qui dispa-
raissent de l'impression visuelle dans le cas d'isole-
ment de l'écorce occipitale, sont conditionnées par le
fonctionnement d'une autre région corticale que
l'écorce occipitale.

Cette région, qui par hypothèse peut être nommée
« région des neurones mnémoniques », se laisse déterminer à l'aide d'expériences d'un autre genre. Il
faut notamment prendre en considération les expériences qui démontreraient quelle est la lésion corticale qui est accompagnée, de la façon la plus constante, par l'affaiblissement ou la disparition de la
mémoire. Autant qu'on peut en juger des observations faites jusqu'à présent, la lésion qui produit cet
effet est, d'une façon plus particulière, celle *des
lobes frontaux*. L'ablation de ceux-ci a été exécutée
par Hitzig chez les animaux dont il connaissait bien
les habitudes ; ils étaient accoutumés à monter eux-
mêmes sur la table pour manger ; or, après l'ablation
des deux lobes frontaux antérieurs, les chiens ont
oublié complètement leur habitude et ne pouvaient
plus l'apprendre ; la vue de la chaise sur laquelle ils
avaient sauté et de la table où ils avaient mangé ne
provoquait plus en eux des images, associées par une
longue expérience, du saut, de la viande préparée
et de l'action de manger ; si on leur donnait de la
viande, ils la prenaient et mangeaient, mais ils l'ou-
bliaient instantanément, lorsqu'elle avait été cachée,
ne manifestant aucune tendance à la chercher à l'en-

droit où elle se trouvait d'habitude. Le singe de
BIANCHI qui fut présenté au Congrès de médecine de
Rome de 1874, et chez lequel l'autopsie a démontré
l'ablation de la partie antérieure des lobes frontaux,
manifestait nettement des troubles dans la perception
des choses et dans ses jugements, malgré la conservation de toute son agilité et de l'impressionnabilité
des sens. BIANCHI dit que chez les animaux opérés de
la sorte apparaissaient, en outre, comme phénomène
constant, une inquiétude, une incertitude et un
désaccord dans les mouvements, de même qu'une
manière d'être qui trahissait une appréhension,
laquelle — ajoutons de notre côté — paraît être la
caractéristique effective des impressions non recon-
nues. FERRIER, dans son compte rendu, qu'il présenta
à la Société Royale de Londres, sur les trois expériences d'ablation des lobes frontaux chez les singes,
dit : « L'animal privé des lobes frontaux conserve la
faculté d'exécuter tous les mouvements volontaires,
il entend, voit, goûte et flaire, il peut percevoir et
localiser des sensations tactiles, il conserve ses ins-
tincts de défense et ses inclinations, il cherche sa
nourriture et sait exprimer ses sensations. Ses actions
cependant se bornent strictement aux sensations
qu'il éprouve au moment donné ; il marche çà et là
sans but, passe le temps à répéter le même mouvement et a l'air d'avoir perdu complètement la possibilité d'observation raisonnable et attentive ». Sur
cinquante-sept cas de lésions des lobes frontaux,
FERRIER en trouva douze où l'on remarquait avant tout
l'affaiblissement de l' « intelligence ». Il considère,
de même que HORSTEY, SCHÆFER, et plusieurs autres,
que le changement de caractère accompagne géné-
ralement ces lésions ; les animaux opérés présentent

une manière de vivre qui trahit l'affaiblissement de
l'*attention* et des fonctions mentales en général, ce
qu'on peut observer surtout chez les singes, qui
perdent leur curiosité et le don de l'observation (1).
D'après TAMBURINI, ces syptômes, que l'on fait apparaître expérimentalement chez des animaux, s'ac-
cordent parfaitement avec des faits cliniques, observés
chez des hommes dans la paralysie progressive et
dans la démence en général, où l'on constate toujours d'un côté, « l'atrophie de la partie antérieure
des lobes frontaux » et de l'autre — la disparition
« de l'attention et de l'intelligence ». De même dans
les dérangements d'esprit qui avaient été observés
dans les cas des tumeurs des lobes frontaux, on a
constaté avant tout l'affaiblissement de la mémoire et
des facultés mentales, l'apathie et l'hébétude (2). Il
faut remarquer ici que l'acte de l'attention se laisse
identifier psychologiquement avec l'acte de la reconnaissance, et que tout processus de la pensée exige
nécessairement une réserve mnémonique d'expériences, dont se forment les concepts et leurs syn-
thèses. Les modifications psychiques qui sont dési-
gnées par le nom d'affaiblissement de l'attention, de

---

(1) SOURY, *loc. cit.*, pp. 627, 901, 930-931, 1008.
(2) *Ibid.*, p. 1013. Parmi les faits cliniques il y en a cependant qui démontrent le contraire. Tel est, par exemple, le cas
de WELT : le malade présentait une destruction presque totale
du *gyrus rectus* (F₁) qui s'étendait sur la face orbitaire du lobe
droit jusqu'au chiasma des *nerfs optiques* ; la portion orbitaire
de F₂ de ce côté était aussi lésée; du côté gauche la substance
grise du *gyrus rectus* était détruite de même que du côté droit.
Malgré cela, on n'observait chez ce malade aucun obscurcisse-
ment de l'intelligence ; la seule modification subjective, nettement constatée, consistait en un changement de caractère : le
malade, qui avait été auparavant doux, poli, gai et propre, était
devenu méchant, querelleur, emporté et sale (*Ibid.*, p. 1009).

la mémoire ou des fonctions mentales, se laissent
réduire au même élément — au défaut du passé, à
la difficulté de son évocation et son assimilation.
Ainsi donc, si une lésion des lobes frontaux se traduit
plus ou moins constamment par la modification subjective, dont l'analyse psychologique fait supposer
la disparition ou l'affaiblissement du facteur mnémonique, nous pouvons en conclure que le fonctionnement des neurones qui se trouvent dans cette région
de l'écorce conditionne particulièrement ce facteur.
Ce qui ne veut pas dire que « les images » aient leur
siège dans les lobes frontaux, comme trace conservée
d'expériences, mais seulement que l'activité de ces
lobes est une condition physiologique indispensable,
pour que puissent apparaître, du côté subjectif, les
perceptions et les souvenirs.

Cette corrélativité entre les lobes frontaux et la
mémoire paraît être confirmée aussi par des observations de M. SOLLIER sur la « cénesthésie cérébrale »
chez des individus hystériques, atteints d'amnésie.
Les phénomènes sont les suivants : si l'on provoque
le sommeil hypnotique chez un sujet et si, après
s'être persuadé que sa sensibilité et sa motivité sont
normales, on détermine chez lui une suggestion d'insensibilité, par exemple du bras droit, cette insensibilité se développe réellement et amène le bras à
l'état d'inertie complète ; en étudiant alors la sensibilité du crâne, on constate qu'il y existe un point
d'insensibilité, qui correspond, par sa position, au
centre-moteur du bras droit dans le cerveau, c'est-
à-dire à la partie moyenne de la région rolandique
de l'hémisphère gauche. Lorsque la sensibilité commence à reparaître dans le bras inerte, le sujet se
plaint, en même temps, de douleur à cet endroit du

crâne ; cette douleur cède bientôt la place à la sensibilité normale, lorsque l'anesthésie provoquée du bras
disparaît. De la même manière, SOLLIER a constaté
qu'à une inertie isolée des autres membres correspondait toujours l'apparition sur le crâne d'un endroit
insensible, qui répondait strictement à la localisation
du centre correspondant de l'écorce, et, que la disparition de l'inertie était accompagnée d'une sensation douloureuse et de retour de la sensibilité dans
cet endroit du crâne. On peut donc supposer que la
« cénesthésie cérébrale » indique la localisation réelle
des centres. Or, si chez des sujets hystériques,
atteints d'amnésie, nous voyons la réapparition de
la sensibilité normale dans tous les organes, de même
que la réapparition des mouvements normaux dans
tous les membres et, en même temps, le recouvre-
ment de la sensibilité crânienne dans tous les endroits
qui correspondent aux zones sensitives et motrices du
cerveau, et s'il ne reste insensible qu'un seul endroit
du crâne, notamment sur le front, nous pouvons
supposer, en nous appuyant sur les observations ci-
dessus, qu'à cette insensibilité correspond un trouble
fonctionnel dans la région correspondante du cerveau,
c'est-à-dire dans les lobes frontaux. Or, ce trouble
présumé se manifeste psychiquement, comme un
trouble de la mémoire. Si la sensibilité du front
diminue, on peut constater, en même temps, l'effa-
cement graduel des souvenirs, à partir du moment
donné jusqu'à une époque plus ou moins éloignée de
la vie. Il y a des cas où la perte de la mémoire est
le seul symptôme d'hystérie, alors la région frontale
est le seul endroit du corps qui est insensible. Si la
mémoire revient, cela est accompagné en même
temps de douleurs internes dans la tête, aux endroits

qui correspondent à cette région et de retour de sa
sensibilité normale, ce qui prouve que les centres
frontaux entrent de nouveau en état actif. Et dans
tous les cas où il n'y a pas d'insensibilité frontale,
il n'y a pas, non plus, de troubles de la mémoire.

De ces faits SOLLIER conclut que les lobes frontaux
de l'écorce sont le siège de la mémoire, c'est-à-dire
de ces neurones dont le fonctionnement détermine la
reproduction des expériences du passé (1). Il faut
rappeler aussi que WUNDT suppose que c'est l'*aperception* qui est localisée dans les lobes frontaux. Il
s'appuie sur des faits cliniques qui montrent qu'une
lésion de ces lobes est accompagnée de l'affaiblissement des fonctions intellectuelles et de l'incapacité de
concentrer l'attention, de même que sur des liaisons
anatomiques que la région frontale présente avec la
zone motrice de l'écorce et avec les centres du langage (2). Or, l'aperception, c'est-à-dire l'attention
active, si on la considère en tant qu'un composant
de la perception, ne se laisse pas distinguer de ces
facteurs qui constituent la *reconnaissance* de l'impression ; car l'impression sur laquelle l'attention est
attirée ne diffère de l'impression qui se trouve en
dehors de l'attention, qu'en ce qu'elle est identifiée au
passé, et par suite peut devenir le foyer des associations et des pensées. Ces deux opinions, l'une qui
reconnaît le siège de la mémoire dans les lobes frontaux, et l'autre qui y voit le centre de l'attention,
peuvent donc être considérées comme absolument
concordantes.

---

(1) Voy. SOLLIER, *Problème de la mémoire*, Paris, 1900, pp. 175
194, et aussi : « Cénesthésie cérébrale et mémoire », *Rev. philos.*,
1899, juillet.

(2) WUNDT, *loc. cit.*, I, pp. 242-247.

Revenant à la question précédente, nous pouvons donc admettre que la cécité mentale, qui apparaît à la suite de la séparation de l'écorce occipitale du reste de l'écorce, provient avant tout de ce que le fonctionnement des neurones frontaux est exclu du corrélatif de la perception. L'écorce occipitale est réunie à ces neurones par une double voie d'association de la substance blanche : par le faisceau longitudinal supérieur, dont les fibres traversent tout l'hémisphère du lobe occipital jusqu'au frontal, et par le faisceau longitudinal sous-calleux (le faisceau occipito-frontal d'ONU-FROWICZ et de KAUFMANN). Une section de la substance blanche des lobes occipitaux, en détruisant ces voies, rend impossible l'association des neurones frontaux avec le groupe actif des neurones optiques qui fonctionne grâce à l'excitation de la rétine. Or, cette modification physiologique s'exprime du côté subjectif par la réduction de la perception d'une chose concrète à la perception d'une chose *indéfinie,* ce qui est marqué souvent par une émotion d'inquiétude ou d'appréhension. — Les résultats de lésion des lobes frontaux, ainsi que les résultats de la séparation de l'écorce occipitale des autres régions corticales, permettent donc de supposer que les neurones frontaux, qui prennent une grande part aux processus divers de « la mémoire », appartiennent aussi au groupe du corrélatif de la perception visuelle, et que cette condition physiologique de la mémoire, c'est-à-dire de *la reproduction* des expériences antérieures, joue un rôle considérable dans l'apparition du fait subjectif que nous appelons « perception ».

Nous pouvons nous convaincre de la même chose d'une autre façon encore, notamment en étudiant la conscience visuelle dans les cas où l'association fonc-

tionnelle du groupe optique avec les neurones de la
mémoire (les neurones frontaux) est rendue difficile ;
ou bien, en l'étudiant dans de telles conditions expérimentales qui nous permettent de substituer une direction de la reconnaissance à la place d'une autre. Le
premier cas nous le retrouvons chez des aveugles-nés
qui recouvrent la vue après une opération. Les neurones optiques, qui alors pour la première fois
prennent part à une réaction aux existants extérieurs,
n'ont pu évidemment former des associations fonctionnelles avec l'activité des autres sens ; par conséquent, leur excitation ne trouve pas des voies prépa-
rées pour atteindre les éléments de la mémoire.
L'activité des groupes optiques apparaît donc à l'état
isolé, à quoi, du côté subjectif, correspond l'absence
de la perception proprement dite, un état de conscience indéfini, sans valeur réelle pour la pensée.
D'après le témoignage des aveugles-nés, récemment
opérés, les premières impressions seraient immaté-
rielles, non objectives, localisées presque dans l'œil
lui-même, et sans aucune forme. Il y manque non
seulement la reconnaissance d'un objet concret, mais
aussi la localisation dans l'espace, ce qui prouverait
que le groupe optique se trouve aussi à l'état d'isole-
ment fonctionnel par rapport à ces neurones corticaux,
dont l'activité conditionne la reproduction des expériences tactiles et motrices. Dans les cas d'extraction
de la cataracte, qui permettait encore de distinguer la
lumière et l'ombre, la grandeur et la forme de l'objet
étaient estimées d'une façon très inexacte ; la distance
n'a pu être reconnue ; la perspective et les parties
ombrées sur les dessins étaient incompréhensibles. A
l'opéré de FRANZ les objets paraissaient si rapprochés
qu'il craignait constamment de se cogner contre eux ;

pour distinguer les formes simples, par exemple un cercle d'un carré, il était obligé de réfléchir et, comme il disait, d'écouter la sensation de ses doigts. La femme opérée par WARDROP ne pouvait distinguer une clef d'un crayon en argent. Par contre, on a remarqué chez tous une faculté de discerner l'étendue des impressions et leur direction (1).

Les observations plus récentes de VARPAS et EGGLI (2), sur des enfants de quatre et cinq ans qui ont été opérés de cataracte double congénitale confirment tout à fait le caractère non intellectuel des impressions visuelles isolées. Une semaine après l'enlèvement du bandeau, les enfants, pour reconnaître un objet, n'emploient pas les yeux, mais les mains et la langue (c'est-à-dire les organes qui possèdent déjà chez eux leurs associations mnémoniques); ils détournent la tête de cet objet et se comportent de la même manière que lorsqu'ils étaient aveugles, ce qui prouve que les impressions visuelles sont pour eux tout à fait inutiles, qu'elles ne leur disent rien du milieu ambiant, comme étant vides de tout sens.

De cela même que les éléments mnémoniques jouent un rôle si décisif dans la reconnaissance de l'impression, il résulte qu'une impression donnée peut se transformer en perceptions différentes, que la même excitation peut nous apparaître comme objets différents, suivant le groupe des neurones de la mémoire qui se joint au fonctionnement du groupe sensoriel, ou pour parler le langage psycholo-

---

(1) Voy. WUNDT, loc. cit., II, p. 200.
(2) VARPAS et EGGLI, « Quelques recherches psychol. sur le sens de la vue chez deux enfants opérés de cataracte double congénitale », Annal. médicales psychol., 1896, juillet.

4

gique, suivant le groupe des expériences reproduites qui se joint à l'impression. Si, par exemple,
comme dans les expériences d'ASHLEY (1) nous regardons d'un œil, à travers un tube, un disque de papier
qui est éclairé par derrière, et si cet éclairage
change à notre insu, alors le disque nous paraît plus
rapproché, lorsque l'intensité de cette lumière augmente, et plus éloigné, lorsqu'elle faiblit ; le disque,
approché de la lampe et éloigné de l'observateur,
paraîtra se rapprocher de celui-ci, et au mouvement
contraire, il lui semblera que le disque s'éloigne.
Comme les conditions motrices de l'œil restent les
mêmes dans tous ces changements, et comme il n'y a
que l'intensité lumineuse qui change, d'après laquelle
nous nous sommes habitués à juger la distance de
l'objet, il est clair que ces illusions doivent être
attribuées à l'influence des associations motrices
acquises qui, en s'ajoutant au signe visuel de la
rétine, modifient son caractère de perception : l'intensité lumineuse plus forte de l'impression, succédant à l'intensité plus faible, ou inversement, évoque
la reproduction du changement des éléments moteurs associés, et l'habitude acquise d'apprécier la
distance. Cette influence des éléments associés, dit
ASHLEY, peut se montrer même lorsque l'accommodation des yeux, leur convergence, les dimensions de
l'image rétinienne et la différence entre les images
des deux rétines, c'est-à-dire tous les éléments réels
de l'impression, lui déclarent la guerre ; et même, à
une petite distance, alors donc qu'il semblerait que

---

(1) Voy. *Année psychol.*, V, 1899 ; *Psychol. Rev.*, 1898 ; ASHLEY,
« De l'influence de l'intensité lumineuse sur la perception de la
distance ».

les facteurs réels dussent être tout à fait efficaces, on a pu observer que l'influence des associations est parfois capable de contre-balancer le changement réel de la distance d'une certaine grandeur. A la même catégorie de phénomènes il faut rapporter beaucoup d'autres illusions provoquées, par exemple, par le tremblement des globes oculaires, par le voyage en chemin de fer, etc., qui ne sont que le résultat de l'influence des associations sur l'impression réelle.

Il faut remarquer, aussi, que les changements qui ont lieu sous l'influence d'un groupe ou d'un autre des associations qui s'y ajoutent, concernent le mode dont nous *sentons* la perception, c'est-à-dire que le changement qui est survenu dans le caractère de l'objet vu est non seulement pensé, mais avant tout senti *dans l'impression elle-même*, dans la qualité qui nous est donnée d'une façon immédiate, ce qui d'ailleurs est nécessaire, vu que les éléments constitutifs du jugement ont leur origine dans la sensation. Si, cependant, le changement qui concerne les neurones de la mémoire se traduit par le changement dans le mode de sentir la perception donnée, il est évident que nous sommes obligés d'attribuer une part de son corrélatif à ce groupe des neurones, car, dans le cas contraire, ce changement physiologique devrait se traduire par un autre état de conscience succédant à la perception donnée, et nous aurions alors non pas une *illusion* qui concerne le même objet, mais une *association* de deux états différents.

CHAPITRE III

La méthode dans la recherche des éléments du corrélatif

—

La méthode au moyen de laquelle nous avons recherché jusqu'à présent les éléments constitutifs du corrélatif d'un état de conscience, se présente de la façon suivante. Nous avons deux faits différents : un état défini de conscience α et son corrélatif physiologique A. Le premier nous est immédiatement donné, de sorte que tous ses caractères perçus doivent être considérés comme absolument vrais, comme une réalité psychique, qui ne peut être mise en doute, car c'est elle qui constitue *ce qui exige l'explication et non ce qui résulte d'une explication*. Le deuxième terme est un fait *inféré* du premier à l'aide du principe de causalité ; il doit donc être soumis aux critériums du raisonnement. En outre, d'après la théorie de la connaissance, ces deux faits corrélatifs forment un couple générique d'un caractère tel que tout changement doit se traduire nécessairement par un changement de l'autre. Nous avons admis de même, en nous appuyant sur les données de la biologie, que les différences des conditions physiologiques, correspondant aux changements de la conscience, ne consistent pas en différents modes de fonctionnement des mêmes neurones, mais en la formation de *différents groupes* de neurones.

Le problème de la détermination du corrélatif se présente donc de la façon suivante : étant donné un terme du rapport — l'état psychique α, avec ses qualités a, b, c, connues introspectivement d'une manière immédiate — il faut déterminer l'autre terme du rapport, le terme inconnu, c'est-à-dire un groupe x de neurones, qui sont actifs dans ce moment de la conscience et dont nous savons seulement *à priori* qu'il doit exister. Pour déterminer ce terme inconnu, nous nous servons du raisonnement suivant : comme nous savons que tout changement du corrélatif physiologique, d'après la nature du rapport considéré, doit se traduire nécessairement par un changement de son côté subjectif, il faut donc admettre qu'un changement physiologique qui ne se manifeste pas dans l'état donné de conscience α n'appartient pas évidemment à son corrélatif; et, inversement, un changement physiologique qui est caractérisé par un changement quelconque de cet état psychique α, doit participer nécessairement à son corrélatif. D'autre part, si nous voyons que le changement physiologique des éléments A se traduit constamment par le changement d'une qualité introspective a de l'état psychique, tout en étant sans influence sur ses autres qualités, nous pouvons affirmer que la qualité a dépend surtout de la participation au corrélatif du groupe aux éléments A, ce qui ne veut pas dire pourtant que ce groupe A, en fonctionnant isolément, puisse se traduire dans la conscience par une qualité isolée a, mais seulement que son adjonction à d'autres groupes actifs se traduit par un tel et non pas par un autre changement qualitatif d'un moment subjectif. Dans le rapport de corrélation nous voyons donc *une différenciation générique*, c'est-à-dire qu'au changement d'un des composants du corrélatif, par exemple du groupe A. correspond non pas un changement quelconque du moment de conscience, mais un changement particulier d'une de ses qualités introspectives, de la qualité *a*, toujours la même, quoique le changement de cette qualité soit en même temps *ressenti* par nous, comme le changement de l'état psychique *tout entier*.

De cette manière, en changeant expérimentalement les conditions physiologiques qui concernent les éléments de la rétine et des centres optiques inférieurs (A), nous pouvons constater leur participation au corrélatif de la perception visuelle et leur influence générique sur des qualités chromatiques et, lumineuses (*a*) de cette perception, en particulier. En séparant le groupe optique susmentionné de la coopération de l'écorce occipitale (B), nous constatons l'influence de celle-ci sur le caractère de l'impression, en tant que quelque chose d'*externe* (*b*). En changeant les conditions physiologiques des éléments moteurs de l'œil (C), nous pouvons constater leur participation au corrélatif de la perception et leur influence sur ses qualités d'espace (*c*). En changeant les conditions physiologiques des éléments frontaux de l'écorce et de leur communication avec les centres occipitaux, nous pouvons constater la participation de ces groupes (D) au corrélatif et en même temps nous assurer que leur adjonction aux groupes A B C décide du caractère symbolique intellectuel, c'est-à-dire concret, de l'impression donnée et que, suivant les éléments des associations du groupe D qui entrent dans le corrélatif, est changé aussi le caractère qualitatif de l'objet, de telle sorte que le même signe visuel peut devenir une perception différente d'un

même objet, et même une perception d'objets différents, ce qui arrive notamment dans les illusions et
les hallucinations.

Tous ces changements physiologiques se manifestent du côté subjectif par les changements qui
présentent pour nous des valeurs définies et qui
peuvent s'exprimer au moyen de prédicats distincts ;
nous traduisons ce changement en langage de la
pensée, d'une façon exacte, en disant par exemple
que l'objet est devenu plus grand ou plus petit, qu'il
est rouge ou vert, qu'il s'est rapproché ou éloigné, etc.
Les changements de ce genre, bien définis, d'un
caractère intellectuel, correspondent au fonctionnement de ces groupes dont nous avons parlé. La
« rose » n'a pu avoir sa couleur rouge sans fonctionnement des éléments correspondants de la rétine,
des corps genouillés externes et de l'écorce occipitale ; elle n'a pu avoir sa localisation dans l'espace
sans fonctionnement des éléments moteurs correspondants de l'œil ; elle n'a pu enfin ni être localisée
à l'égard de sa distance de nous, ni même être
« rose », c'est-à-dire symbole de certaines qualités
spécifiques tacites, odorantes et autres, sans fonctionnement des centres supérieurs de l'écorce de la
région des lobes frontaux. C'est ce qui nous a auto-
risé à localiser, dans ces régions, les groupes actifs
des neurones, qui entrent dans la composition du
corrélatif de la perception visuelle.

Mais nous pouvons aller plus loin encore et poser
la question, si d'autres groupes de neurones, qui
ne sont pas compris dans la région d'excitation
visuelle, mais qui fonctionnent simultanément avec
une perception visuelle, si ces groupes nerveux appartiennent ou non à son corrélatif? Car nous savons

qu'au moment où l'excitation visuelle développe son propre groupe dynamique de neurones, il y a d'autres groupes qui fonctionnent, sans en dépendre, notamment tous ceux dont le fonctionnement est nécessaire pour maintenir l'intégrité de la vie : neurones qui règlent les mouvements du cœur, de la respiration, des vaisseaux, du tube digestif, etc. Nous savons aussi que simultanément avec l'excitation visuelle, qui est devenue l'objet de notre conscience au moment donné, il y a encore d'autres excitations qui agissent sur des sens différents, excitations du toucher, de l'ouïe, de l'odorat, qui, quoique ne trouvant pas, au moment donné, leur expression individuelle dans notre conscience, n'en restent pas moins sans effet et mettent les groupes nerveux correspondants en état actif.

Pour résoudre la question, si le fonctionnement de tous ces groupes se passe en dehors du corrélatif d'un état de conscience donné, n'exerçant ainsi aucune influence sur sa qualité subjective, ou bien si, au contraire, il participe à celui-ci, nous sommes obligés de nous servir évidemment de la même méthode que nous avons employée pour déterminer le groupe compris dans l'excitation visuelle. Si les changements physiologiques qui concernent les fonctions organiques ou qui concernent d'autres sens, exercent une influence immédiate sur le changement qualitatif de la perception visuelle, sur la façon dont nous la ressentons, il faut admettre que les groupes des neurones qui sont atteints par ces changements appartiennent au corrélatif de cet état de conscience, de même que nous étions obligés d'attribuer cette participation aux éléments moteurs de l'œil ou à d'autres éléments, parce que leur changement se traduit par un changement subjectif de la perception.

Considérons d'abord la part des *fonctions organiques*.

Le seul indice à l'aide duquel nous pouvons reconnaître qu'un groupe d'éléments nerveux participe au
corrélatif d'un état de conscience donné, c'est le
changement subjectif qui lui correspond. C'est à cet
arbitre que s'adressent les expériences toutes les fois
qu'il s'agit de découvrir le rapport entre un changement organique et la conscience; nous recourons
alors à la perception intérieure de l'individu soumis
à l'expérience, qui nous traduit le changement ressenti en langage de la pensée, en constatant, par
exemple, que, dans les conditions données, l'objet
perçu grossit, s'éloigne ou change de couleur, etc.
Les jugements de ce genre ont leur valeur introspective *sociale*, la même pour tout le monde, c'est-à-dire
que chacun peut les changer facilement en ses propres
expériences internes et trouver dans sa manière de
sentir ce qui était contenu dans le jugement donné
pour le sujet soumis à l'expérience. Mais, à côté des
changements de ce genre, il y a encore des changements subjectifs qu'il est difficile d'exprimer en
termes du langage et qu'on n'exprime qu'au moyen de
périphrases, de comparaisons, de négations ou d'affir-
mations générales, en constatant seulement que
quelque chose a changé sans pouvoir le définir de
plus près. Ces changements peuvent être appelés
anonymes par opposition aux autres; ce sont ceux
que nous connaissons comme *états affectifs* et qu'il
est souvent difficile et même impossible de préciser.

Quiconque s'observe peut remarquer facilement
ces changements indéfinissables, dans la manière de
sentir les objets perçus, changements qui, d'habi-

tude, vont de pair avec quelque modification ou per-
turbation fonctionnelle de notre corps. Le côté
objectif des objets, leur couleur, leur forme, leur
localisation dans l'espace, leurs rapports, etc., restent
les mêmes ; on les reconnaît de la même manière
que toujours ils sont les mêmes objets pour la
pensée et le raisonnement ; et pourtant ils ne sont
pas les mêmes ; il y a quelque chose de nouveau et
de changé dans *ma* façon de sentir l'objet, quelque
chose d'indéfini pour la pensée, mais de parfaitement
réel. Ce phénomène, dans les conditions normales de
l'organisme, se manifeste à un degré très faible ;
néanmoins, on peut le constater, en comparant par
exemple les mêmes lieux, les mêmes environs, les
mêmes objets, vus *avant* et *après* quelques troubles
digestifs ou circulatoires, ou bien en observant son
état mental après bain, gymnastique, équitation, etc.,
ce sont les changements de notre affectivité, du ton
émotionnel général, qui influent alors notre jugement
sur les diverses choses.

Ces changements affectifs se manifestent surtout
dans les cas suivants : 1° ils apparaissent sous l'action de certaines *substances* qui, comme par exemple
alcool, morphine, bromure de potassium, etc.,
agissent surtout sur les muscles vaso-moteurs et
organiques, en les excitant ou paralysant, d'où résultent les changements du cœur, de la respiration,
de la circulation capillaire, des mouvements intesti-
naux, etc. ; du côté subjectif apparaît alors un changement affectif caractéristique pour chacune de ces
substances ; 2° ces symptômes se montrent aussi
dans les différentes *maladies*, dans celles en particulier qui amènent des troubles de la circulation, de
la respiration et de la digestion, et même alors

qu'aucune douleur ne les accompagne. Les affections chroniques du cœur, par exemple, causent dans la plupart des cas certains troubles émotionnels du caractère (1). Dans la mélancolie, l'hypocondrie, la lypémanie, les malades se plaignent avant tout du changement des rapports du monde extérieur ; il leur semble que « les impressions ordinaires aient perdu leur caractère propre » ; « tout ce qui entoure est encore le même qu'auparavant, les objets ont leur ancien aspect, et cependant ils ont changé beaucoup » (2). Du côté physique, les symptômes caractéristiques de ces troubles émotionnels sont les suivants : respiration superficielle et ralentie, volume des poumons beaucoup diminué, pouls faible et lent, température abaissée, troubles de la nutrition de la peau, lesquels se manifestent dans le changement de sa couleur, la sécheresse et l'odeur des sécrétions ; diminution générale de la fonction sécrétoire de toutes les glandes et absence d'une coordination motrice, qui se manifeste surtout dans l'expression du visage (3).

3° La troisième catégorie de faits, où nous voyons le même rapport, ce sont les changements des perceptions qui se produisent sous l'influence *de la tristesse* et *de la joie* normales. Nous sentons alors non seulement un changement cénesthésique dans notre corps, mais aussi un changement du caractère et d'aspect des objets environnants. La tristesse et la joie s'incarnent dans les perceptions de nos sens, même lorsque nous ne nous sommes pas encore

(1) Féré, *loc. cit.*, p. 503.
(2) Voy. Ribot, *Maladies de la personnalité*, ch. II.
(3) Féré, *loc. cit.*, p. 359-373.

rendu compte que c'est nous-mêmes, dans notre corps, qui sommes tristes ou joyeux.

Les changements organiques qui accompagnent ces états émotionnels peuvent être réduits à certaines qualités physiologiques caractéristiques. Nous laissons de côté les changements qui se manifestent au premier moment de l'émotion et qui, comme il résulte des études de BINET et COURTIER, de VASCHIDE et d'autres, sont toujours les mêmes, indépendants de la qualité de l'émotion, et semblent ne correspondre qu'au moment de l'*étonnement*, à l'adaptation nouvelle de l'attention. Voici les qualités de la *tristesse :* a) *Cœur :* d'après DUMAS (1), ralentissement dans un type de la tristesse, accélération dans l'autre ; d'après VASCHIDE (2), le pouls, tout d'abord accéléré, devient ensuite plus lent qu'à l'état normal ; d'après BINET et COURTIER (3), accélération du pouls chez les uns, ralentissement chez les autres. b) *Respiration :* ralentissement ou accélération, selon le type de la tristesse (DUMAS). c) *Circulation capillaire :* contraction des vaisseaux (LANGE (4), DUMAS) qui amène aussi un abaissement de la température, un affaiblissement des tissus, une diminution des sécrétions. d) *Muscles :* tension diminuée des muscles de la face, du dos, des membres, des muscles respirateurs, ainsi que des muscles organiques de l'estomac, des

---

(1) G. DUMAS, « Rech. expér. sur la joie et la tristesse », *Rev. phil.*, XLI et XLII.

(2) VASCHIDE, « Sur le pouls radical pendant les émotions », *Rev. phil.*, 1899, septembre.

(3) BINET et COURTIER, « Influence de la vie émotionnelle sur le cœur, la respiration et la circulation capillaire », *Année psych.*, III, p. 90.

(4) LANGE, *Les émotions*, trad. franç., p. 40.

intestins, de la vessie, etc., ce qui se manifeste dans l'expression du visage, dans la pesanteur de corps, dans l'abaissement de la capacité respiratoire, dans la dilatation de l'estomac, des intestins, etc. (FLEURY, LANGE) (1) ; affaiblissement des mouvements volontaires et diminution de l'équivalent dynamométrique des impressions (FÉRÉ). e) Diminution *des sécrétions* qui se manifeste par une quantité insuffisante de suc gastrique, par l'affaiblissement de la digestion pancréatique, par la sécheresse de la peau, de la cavité buccale, etc. (FLEURY, LANGE). — D'après DUMAS, il y a trois sortes de tristesse : la première correspond au ralentissement du cœur et de la respiration avec l'abaissement de la tension artérielle ; la deuxième au ralentissement du cœur et de la respiration avec élévation de la tension artérielle ; la troisième — « tristesse active » — à l'accélération du cœur et de la respiration avec diminution de la pression dans les artères et constriction des vaisseaux.

Qualités *de la joie : a) Cœur* : accélération (DUMAS) ; augmentation de l'amplitude du pouls chez les uns, diminution chez les autres (BINET et COURTIER, *loc. cit.*). *b) Respiration*, accélérée (DUMAS). *c) Circulation capillaire* : dilatation des vaisseaux, d'où élévation de la température et vitalité plus grande des tissus (LANGE, *loc. cit.*, pp. 46-48) ; dilatation ou constriction des vaisseaux, selon le type de la joie (DUMAS, *loc. cit.*) ; chez quelques individus, la joie et la tristesse provoquent toujours la vaso-constriction (BINET et COURTIER, *loc. cit.*, p. 90). *d) Muscles* : augmentation de l'activité motrice et tension des

---

(1) FLEURY, « Pathogénie de l'épuisement nerveux », *Revue de Médecine*, 1896, 10 février; LANGE, *loc. cit.*, p. 38.

muscles (LANGE, *loc. cit.*, p. 46) ; augmentation de
l'équivalent dynamométrique des impressions (FÉRÉ).
e) Augmentation des sécrétions : humidité des yeux,
de la peau, de la cavité buccale, etc. (LANGE). —
D'après DUMAS, il y a deux types de joie : le premier (hypotension) correspond à l'accélération des
battements du cœur et des mouvements respiratoires,
avec *dilatation* des vaisseaux et abaissement de la
pression dans les artères ; le deuxième (hypertension)
correspond à l'accélération du cœur et de la respiration, avec *vaso-constriction* et élévation de la tension artérielle. — Parmi ces qualités, ce sont les
troubles circulatoires qui paraissent être les plus caractéristiques. Dans les cas de folie circulaire, l'apparition de chaque phase émotionnelle — de l'abatte-
ment et de la joie — est précédée constamment des
changements correspondants dans la pression du
sang et dans la fréquence des contractions cardiaques (DUMAS). Les observations de BINET et COURTIER,
prises sur un seul individu, démontrent que, pour
un même organisme, un même état émotionnel est
caractérisé toujours par une même forme de « pouls
capillaire » qui se modifie, au contraire, selon le type
de l'émotion, de sorte qu'on peut affirmer que la
circulation capillaire est une *réaction qualitative*,
c'est-à-dire qu'elle correspond, d'une façon précise,
aux qualités émotionnelles (1).

Nous croyons donc, d'après ces trois catégories
de faits, qu'il existe une corrélation suivante : du
côté subjectif — changements affectifs de l'objet
perçu ; du côté physiologique — troubles qui concernent les fonctions organiques — de la circulation

---

(1) *Loc. cit.*, p. 103.

et de la respiration, ainsi que la motricité générale.
Il faut supposer qu'à ces troubles correspondent
aussi des changements de l'innervation, car, en
excitant certains éléments nerveux et en en paralysant
d'autres, nous pouvons obtenir divers troubles des
fonctions organiques. Aux changements du *cœur*
correspond la participation différente des éléments
du nerf pneumogastrique (ou, à proprement parler,
du nerf spinal) et du nerf sympathique, ainsi que les
éléments de leurs centres bulbaires et médullaires,
car nous savons que l'excitation du premier ralentit
le cœur (CL. BERNARD, BUDGE), que l'excitation du second l'accélère (BEZOLD), tandis que la section de la
moelle entre l'occiput et l'atlas, ou une excitation du
côté postérieur de cette section, influent sur la forme
et la quantité des battements cardiaques, en provoquant leur ralentissement ou accélération (BEZOLD).
Il résulte encore des recherches de BECHTEREW et
MISLAWSKI, qu'à ce processus participent aussi les
éléments de quelques centres sous-corticaux et corticaux, notamment ceux des couches optiques et des
lobes frontaux antérieurs, dont l'excitation amène un
ralentissement du pouls et l'arrêt du cœur en diastole,
de même que les éléments de la zone motrice de
l'écorce cérébrale, dont l'excitation provoque une
accélération notable du pouls (1).

Sur les changements *respiratoires* peut influer la
participation différente des centres du bulbe rachidien (« nœud vital » de FLOURENS) et des centres accessoires de la moelle épinière, de même que des
nerfs centripètes : du pneumogastrique, du laryngé
supérieur et des nerfs sensitifs cutanés, car nous sa-

_____

(1) Voy. SCURY, *loc. cit.*, pp. 1259-60.

vons que la section ou l'excitation du nerf pneumogastrique, cause le changement du rythme respiratoire, de la rapidité et de la force des inspirations
(Fr. Franck), que l'enrayement de la sensibilité cuta-
née ralentit ou arrête les mouvements respiratoires,
tandis que l'excitation du nerf laryngé supérieur agit
sur les muscles expirateurs accessoires. En outre, les
changements respiratoires peuvent provenir aussi de
la participation différente des éléments centrifuges —
de l'innervation motrice du thorax (respiration thora-
cique) et de l'innervation motrice du diaphragme
(respiration abdominale). Quant à l'innervation centrale, corticale et sous-corticale, sa participation au
processus de la respiration est démontrée par les
expériences suivantes : l'excitation de la circonvolution d'Owen, au-dessus de la scissure de Sylvius,
amène un ralentissement de l'expiration et un appro-
fondissement de l'inspiration (Danilewswy) ; l'excitation de la portion convexe du lobe frontal, de sa face
inférieure ou de la région de la branche horizontale
du sillon prérolandique, provoque l'arrêt correspondant de la respiration (contraction tétanique du diaphragme), l'expiration forte, causée par la contraction tétanique des muscles abdominaux, et l'inspiration
tétanique du diaphragme et du thorax (Munk). L'excitation de la troisième circonvolution externe de
Leuret, chez le chien, amène le ralentissement des
mouvements respiratoires (Unverricht) ; l'ablation des
hémisphères cérébraux, avec la conservation des
centres sous-corticaux, provoque les changements
dans le rythme et dans le caractère des mouvements
respiratoires (Szukowski) ; l'excitation électrique de
la substance grise du segment antérieur de la couche
optique et de la queue du noyau caudé, cause l'arrêt

des mouvements respiratoires ; la piqûre de la portion postérieure des couches optiques, amène des mouvements respiratoires profonds et lents, tandis que l'irritation des portions latérales des tubercules quadrijumeaux antérieurs, provoque une pose inspiratoire (Szukowski). D'après Spencer, il existe une zone corticale *de ralentissement et d'arrêt* des mouvements respiratoires, qui se trouverait à l'endroit où le faisceau olfactif s'unit à la circonvolution de. l'hippocampe, et dont partiraient des fibres au noyau lenticulaire; de même qu'une zone *d'accélération* qui serait localisée dans la sphère sensitive et motrice, sur le côté antérieur du sillon sus-orbitaire, et dont les fibres traverseraient la couronne rayonnante, le noyau lenticulaire et la capsule interne, pour atteindre le bulbe (1).

Sur les changements *vaso-moteurs* influe l'action de deux types différents des éléments nerveux : des constricteurs et des dilatateurs, renfermés dans les systèmes cérébro-médullaire et sympathique (expériences de Claude Bernard, de Schiff, de Budge, de Dastre et Morat, de Ludwig et Cyon, etc.). Quant à la participation des centres corticaux et sous-corticaux à ce processus, nous pouvons en juger par les expériences d'Eulenburg et de Landois, dont il résulte que l'ablation de la région pariétale de l'écorce, chez le chien, élève la température des pattes du côté opposé, de 5° à 7°, ce qui dure parfois jusqu'à vingt jours ; par contre, l'excitation électrique de la même région corticale amène un refroidissement des mêmes pattes, qui atteint 0°,2 à 0°,6. Nous pouvons tirer la même conclusion des expériences de Bechterew et

_____

(1) Voy. Soury, *loc. cit.*, pp. 1185-1202.

Mislawsky, d'après lesquelles l'excitation de la portion postérieure du *gyrus sigmoïde*, chez le chien, de même que l'excitation de la couche optique, du noyau pâle (*globus pallidus*), du noyau lenticulaire et de la portion postérieure de la ·capsule interne, amène la vaso-constriction (augmentation de la pression san-guine), tandis que l'excitation de la portion antérieure du gyrus sigmoïde et de quelques points dans les II et III circonvolutions du lobe pariétal — amène la vaso-dilatation (abaissement de la pression sanguine) (1).

L'état différent des centres moteurs correspond aux changements dans la tension musculaire. Aux changements sécrétoires correspond la participation différente des éléments nerveux qui augmentent ou arrètent les sécrétions (expériences de Ludwig, de Claude Bernard, de Moreau, etc.) et de certains cen-tres corticaux; comme par exemple du gyrus sigmoïde chez le chien, dont la faradisation amène la sécré-tion de toutes les glandes salivaires (Rochefontaine et Lépine), ou encore de la portion antérieure de la circonvolution de Sylvius, dont l'excitation par un courant relativement faible, cause le fonctionnement de la glande sous-maxillaire (Bechterew et Mis-lawsky).(2).

Nous arrivons maintenant à la question : comment faut-il concevoir cette corrélation entre les éléments effectifs des perceptions et l'innervation correspon-dante? Faut-il attribuer les premiers à une influence immédiate sur la conscience de ces changements d'innervation qui président aux troubles organiques, caractérisant différents types émotionnels, ou bien

---

(1) Soury, pp. 1247-1257.
(2) *Ibid.*, p. 1221.

faut-il les considérer comme résultat *des conditions modifiées* de fonctionnement du groupe des neurones qui correspond à la perception elle-même ? Dans le premier cas, le changement des neurones des fonctions organiques (appelons-les « groupe cénesthésique ») changerait l'état de conscience indépendamment des changements de conditions qu'il a pu causer dans le fonctionnement des autres groupes de neurones, c'est-à-dire que nous serions obligés de considérer le groupe cénesthésique comme un composant du corrélatif de la perception donnée, d'après la méthode admise plus haut. Dans l'autre cas, le changement des neurones cénesthésiques ne concernerait la conscience qu'autant qu'il change les conditions de fonctionnement du groupe sensoriel, c'est-à-dire qu'il n'appartiendrait pas au corrélatif de la perception ; et quant aux changements subjectifs de la perception, ils correspondraient exclusivement au fonctionnement modifié du « groupe sensoriel » (appelons ainsi les groupes A-B-C-D du corrélatif que nous avons examinés jusqu'ici).

Or, il n'y a pas de doute que les changements physiologiques des émotions, les changements de la circulation capillaire, ceux du cœur et de la respiration concernent les conditions *de la vie élémentaire* de tous les éléments de l'organisme et par suite aussi de la vie élémentaire de ce groupe nerveux qui constitue le corrélatif d'une perception visuelle ou autre. Nous savons cependant que la vie élémentaire d'un élément nerveux est en même temps son fonctionnement et que c'est elle qui décide de la participation d'un élément au corrélatif psychique. On pourrait donc supposer que le *changement affectif*, dont il s'agit, ne dépend pas directement du changement de l'innervation cénesthésique, mais du changement de la vie élémentaire des neurones du groupe sensoriel, qui en résulte (1), en raison de quoi, il serait impossible de constater si le changement des neurones cénesthésiques influerait lui-même sur le changement subjectif de la perception, et si, par conséquent, on pourrait considérer ce groupe comme appartenant à son corrélatif.

Ce doute, cependant, paraît être écarté à l'examen plus minutieux du rapport entre les émotions et la vie élémentaire de l'organisme,

Tout d'abord, il faut prendre en considération que les changements du groupe sensoriel, qui se produisent par suite du changement des conditions de la vie élémentaire (comme transsudation plus ou moins grande du sang dans le milieu inter-cellulaire, oxydation plus ou moins forte des globules rouges du sang, épuration du milieu des produits de décomposition), ne peuvent concerner que la vitalité plus ou moins grande de la perception, c'est-à-dire son changement *quantitatif*, et non qualitatif, car la réaction nutritive d'un élément nerveux est toujours du même type chimique, et ce n'est que le degré de son intensité qui peut changer. Dans des conditions moins

---

(1) Parfois aussi le changement de l'innervation cénesthésique peut amener une modification qualitative des neurones qui participent au groupe sensoriel de la perception. On peut le voir par exemple dans les modifications de l'œil sous l'influence des émotions : les émotions accablantes dilatent la pupille, les excitantes la contractent ; le muscle accommodateur de l'œil subit aussi cette action : dans les émotions excitantes le cristallin devient plus convexe, l'image qui se réfléchit sur sa face antérieure se porte plus en avant et devient plus petite, tandis que, sous l'influence d'une douleur, le cristallin s'aplanit, et l'image qui s'y réfléchit s'agrandit, en s'éloignant en même temps de l'image de la cornée (Voy. Féré, *loc. cit.*, p. 212).

favorables elle sera plus faible et plus lente à se faire, elle s'épuisera plus facilement, et c'est à cela que correspond un émoussement de la sensation et une réaction réflexe plus faible. Dans des conditions plus favorables, c'est l'inverse qui se produit. Ce n'est que dans des troubles plus grands de la vie élémentaire, apparaissant sous l'influence des substances toxiques, de la fatigue, ou de l'insomnie, que nous voyons une complète insuffisance fonctionnelle de certains groupes de neurones, la difficulté de transmission de l'excitation d'un groupe à un autre, et c'est alors que les changements de la conscience sont qualitatifs.

Cependant, les qualités physiologiques de tristesse et de joie ne changent pas de façon si radicale la condition de la vie élémentaire du groupe sensoriel, pour qu'il se produise une impuissance chimique de ses neurones, où l'inhibition de leur association fonctionnelle. Dans les deux cas, les perceptions se font d'une manière normale. Il ne peut donc y avoir qu'un affaiblissement ou un renforcement de la réaction nutritive du groupe sensoriel, correspondant à l'état de la tristesse ou de la joie. Mais ces changements quantitatifs ne sont pas suffisants pour expliquer le phénomène correspondant de conscience, parce que le changement émotionnel des objets perçus est alors nettement *qualitatif* et ne se laisse d'aucune manière identifier avec le changement de l'intensité seule des perceptions. Son apparition doit donc être attribuée à la participation des nouveaux groupes nerveux au corrélatif. Certaines observations confirment cette manière de voir, puisque les changements physiologiques, qui de la façon la plus immédiate influent sur la vie élémentaire, comme par

exemple les changements du cœur, de la respiration
et de la circulation capillaire, ne présentent nullement une caractéristique émotionnelle précise. Nous
avons vu par exemple que, d'après les observations
de DUMAS, de BINET et COURTIER, la tristesse peut être
caractérisée aussi bien par le ralentissement que par
l'accélération de la respiration et du cœur ; la joie —
par la dilatation et la constriction des vaisseaux.
Comparons, par exemple, le type de joie où il y a la
vaso-constriction et l'accélération du cœur et de la
respiration (« type à hypertension » de DUMAS) au
type de tristesse qui est accompagné des mêmes
phénomènes (« tristesse active » de DUMAS), et nous
aurons deux états émotionnels tout à fait différents,
correspondant à des conditions de la vie élémentaire
presque identiques. Ou bien mettons en parallèle
d'un côté la colère et la joie, deux états qui se carac-
térisent parfois de la même manière par la vaso-
dilatation capillaire, avec accélération du cœur et de
la respiration, et, de l'autre côté, la tristesse et la
peur qui se manifestent parfois aussi de la même
manière par la vaso-constriction avec accélération du
cœur et de la respiration, et nous aurons ainsi presque
les mêmes conditions de la vie élémentaire avec une
différence très marquée de l'état émotionnel (1).

Par conséquent, la différence émotionnelle doit être
attribuée plutôt à l'influence directe, sur la conscience, des changements qui se passent dans le
groupe cénesthésique, qu'à l'influence indirecte des
conditions changées de nutrition des éléments du
groupe sensoriel. Si cependant les changements qui

(1) Ces constatations se trouvent parfaitement confirmées par
le phénomène des *courbes respiratoires paradoxales*, exposé par
RAYMOND MEUNIER, *Revue de philosophie*, 1908.

se passent dans le groupe des neurones cénesthésiques, se traduisent par le changement affectif de la
perception, bien que le groupe sensoriel reste le
même, cela veut dire que ce groupe cénesthésique
doit être considéré aussi comme un composant de
son corrélatif, car autrement son changement ne
serait pas exprimé dans la qualité de la perception.

Passons maintenant à la deuxième catégorie des
neurones qui fonctionnent simultanément avec une
perception visuelle, mais qui sont tout à fait indépendants de l'excitation visuelle, notamment aux
neurones des différents sens excités par les stimulus
propres. Cette simultanéité des impressions différentes
est un état de choses ordinaire et nécessaire, parce
que, pour l'individu normal, il ne peut y avoir de
moment tel où un sens seulement soit excité ; le plus
souvent tous les sens, sans exception, fonctionnent
simultanément, bien que l'état de conscience, au
moment donné, ne soit qu'un seul, et qu'une seule
impression arrive à la conscience, celle notamment
sur laquelle notre attention s'est fixée. On se pose
donc la question, si toutes ces impressions, exclues
du champ de l'attention, sont tout à fait perdues
pour la conscience, ou si, au contraire, elles y sont
exprimées d'une manière quelconque, c'est-à-dire
qu'elles prennent part au corrélatif du moment psychique donné.

L'observation interne ordinaire nous démontre que
les impressions, qui se trouvent en dehors de la
sphère de l'attention, n'ont pas leur expression individuelle dans la conscience, qu'elles ne sont pas
perçues. Nous pouvons supposer cependant que les
groupes des neurones des différents sens, groupes
excités par elles, exercent leur influence sur la *qualité*

de ce qui est devenu objet de l'attention et que de cette manière ils prennent part à notre conscience, sans pouvoir devenir une perception distincte. De certaines expériences, il semble résulter que les impressions non-perçues exercent cependant une influence sur l'*intensité* de l'impression qui est devenue objet de l'attention. D'après URBANTSCHITSCH, les excitations auditives augmentent la netteté des couleurs perçues et, en même temps, l'acuité visuelle. Si nous plaçons des images coloriées à une distance telle qu'on peut à peine distinguer les couleurs, et si nous agissons sur l'ouïe à l'aide de sons divers, nous pouvons constater que les couleurs paraissent d'autant plus vives que les sons sont plus aigus ; les mots que l'œil ne distingue pas à une certaine distance peuvent être lus sous l'influence des sons. On peut observer la même chose pour le sens du goût. Si l'on met sur la langue une substance sucrée, amère ou acide, sa saveur devient plus vive lorsque les excitations sonores agissent. Les sensations olfactives subissent aussi cette influence. Le sens du toucher s'émousse sous l'influence des sons. URBANTSCHITSCH constate aussi l'influence des excitations visuelles sur les autres sens : le tic-tac d'une montre, par exemple, est mieux perçu avec les yeux ouverts qu'avec les yeux fermés ; la couleur rouge et la couleur verte augmentent la vivacité des perceptions auditives, tandis que la couleur bleue et la jaune la diminuent. Le sens du goût subit aussi l'influence des impressions visuelles : la lumière, la couleur rouge et la couleur verte augmentent la sensibilité gustative ; l'obscurité, les couleurs jaune et bleue agissent d'une manière inverse. La même chose se passe avec le sens de l'odorat, de même qu'avec le sens de la température et le sens du toucher. L'influence réciproque de ces deux derniers sens présente le phénomène suivant : si, en chatouillant la peau avec un cheveu, nous plongeons la main dans de l'eau chaude, la sensation de chatouillement cesse; si, au contraire, après avoir plongé la main dans de l'eau froide, nous chatouillons une partie quelconque du corps, la température est perçue d'une manière plus vive (1).

Les expériences d'URBANTSCHITSCH ont été constatées aussi par TANNER et ANDERSON, en observant l'influence des excitations des différents sens sur le discernement des couleurs faibles, vues à travers un tube. On déterminait d'abord le seuil de la perception, ensuite on ajoutait un excitant quelconque sonore ou tactile; dans la grande majorité des cas (70 0/0), on a constaté que l'excitation ajoutée faisait les couleurs plus nettes pour l'œil et augmentait leur intensité (2). De même, FÉRÉ a observé, chez des individus hystériques, que les solutions, contenant une proportion moindre de substance active que celle qui était nécessaire pour provoquer des sensations correspondantes gustatives et olfactives, étaient distinguées lorsqu'on excitait les yeux des sujets avec la lumière rouge ou lorsqu'on les excitait mécaniquement (3).

Une pareille influence peut être expliquée le plus aisément par un rayonnement central de l'excitation qui, des centres des impressions ajoutées, se transmet aux centres de l'impression perçue et qui renforce la

---

(1) URBANTSCHITSCH, « De l'influence d'une excitation sensitive sur les autres sens », *La Semaine médicale*, 1887, p. 451.

(2) TANNER et ANDERSON, « Excitations simultanées des sens », *Psychol. Rew.*, 1896; *Année psychol.*, III.

(3) FÉRÉ, *loc. cit.*, p. 30.

réaction fonctionnelle de ceux-ci. C'est ce qui paraît être d'autant plus vraisemblable que toute excitation manifeste parfois une aptitude pour se transmettre, comme excitation centrale, des centres de son propre sens aux centres des autres sens, en provoquant des états subjectifs, auxquels ne correspondent pas les excitations extérieures. Aux phénomènes de cette sorte appartiennent les « sensations sympathiques » : une excitation par exemple du conduit auditif externe peut causer une sensation de chatouillement au palais et ensuite la toux et le vomissement, ce qui peut s'expliquer par le voisinage des centres du nerf trijumeau et de ceux des nerfs pneumo-gastrique et glosso-pharyngien dans le bulbe rachidien ; de même les affections de l'estomac, du foie, etc., sont souvent accompagnées de diverses névralgies et de douleurs dans les parties saines du corps; l'irritation des intestins par les parasites chez les enfants est accompagnée du prurit nasal, etc. A la même catégorie appartiennent les phénomènes de « l'audition colorée », les sensations lumineuses (photismes) du goût et de l'odorat, la réapparition des images consécutives complémentaires, disparues déjà, sous l'influence des sons ou des odeurs chez les hystériques, et beaucoup d'autres (1). Par conséquent, les changements *quan-*

---

(1) « On peut admettre, dit J. Soury, que « les synesthésies », (sensations associées) dépendent ou de l'intensité de l'excitant dont l'excitation se transmet et rayonne par des voies collaté-rales aux diverses régions corticales (et non sous-corticales, du moins chez l'homme) du cerveau antérieur, ou bien de l'état, acquis ou inné, d'une certaine hyperesthésie de ces centres nerveux. Certains systèmes anatomiques, notamment un déve-loppement excessif des voies collatérales ou des cellules d'asso-ciation de la couche moléculaire, pourraient expliquer aussi les phénomènes de cette sorte » (*loc. cit.*, p. 1058).

titatifs, qui apparaissent dans une perception, grâce
aux excitations inconscientes qui agissent sur d'autres
sens, ne prouveraient point que les éléments nerveux de ces sens prennent part au corrélatif de la
perception, parce que le groupe, compris dans l'excitation perçue, peut se trouver alors dans des
conditions différentes, à cause du rayonnement central des excitations surajoutées, et cette différence
des conditions peut suffire pour expliquer le changement subjectif qui s'y produit. L'excitation surajoutée exerce une influence directe sur le changement
du corrélatif de la perception donnée, de son groupe
sensoriel, en rendant plus intense le fonctionnement
de ses éléments, ce qui doit évidemment retentir
aussi dans le côté subjectif, en augmentant la vivacité
de la perception ; ou bien, comme en d'autres cas,
en enrayant l'activité de certains centres, à quoi correspond une perception plus faible. Il est clair qu'en
ces conditions, la liaison qui existe entre le changement subjectif et l'excitation surajoutée, ne prouve
nullement la participation à la conscience d'une perception des groupes nerveux des autres sens, car le
groupe sensoriel de l'excitation perçue se trouve
alors à un autre état dynamique.

Pour se convaincre si le groupe d'un autre sens *n*,
dont le fonctionnement ne devient pas conscient au
moment donné, appartient au corrélatif de la perception *a*, on serait obligé de connaître les cas où le
changement de *n* entraîne le changement *qualitatif*
de *a*, quoique le corrélatif sensoriel de cet état
(groupes A-B-C-D) n'y subisse aucun changement
qui puisse se traduire, du côté subjectif, par des
changements de l'intensité de l'impression perçue.
Il est presque impossible de trouver les conditions

expérimentales qui répondent exactement à cette
exigence, puisque tous nos centres sont plus ou
moins intimement liés les uns aux autres par
mille voies de transmission, qui rendent parfaitement
possible que l'excitation de l'un rayonne vers tous les
autres, en modifiant plus ou moins leur état fonctionnel.

Nous pouvons cependant trouver des cas, dans
notre expérience de tous les jours, qui se rappro-
chent des conditions susmentionnées. Nous entrons
par exemple dans une chambre où s'est arrêtée la
pendule, au tic-tac de laquelle nous étions habitués;
il arrive qu'au premier moment, notre pensée étant
occupée par une autre chose, nous n'apercevons pas
que la pendule est arrêtée et que nous sentons
cependant qu'il y a quelque chose de changé dans la
chambre même, dans la tapisserie, les meubles, en
un mot dans la totalité de l'impression éprouvée ; ce
n'est qu'ensuite que nous pouvons reconnaître que
c'est la pendule qui s'est arrêtée. Il m'est arrivé
aussi de ressentir un changement dans le paysage,
auquel mes yeux étaient depuis longtemps habitués,
parce que s'était arrêté le bruit monotone et continu
d'un jet d'eau que l'on y entendait toujours. Le changement qui apparaît dans ces cas est de nature qualitative, mais indéfinie et il concerne les perceptions
visuelles elles-mêmes; ce que nous voyons alors,
nous paraît un peu autre que d'habitude, et la
preuve en est qu'au premier moment, il arrive que
nous cherchions la cause du changement ressenti
dans les objets *vus*, et ce n'est qu'ensuite que nous
le reportons au sens convenable. Un tel mouvement
de la pensée prouve, d'une manière évidente, que le
changement qui s'est produit dans les éléments au-

ditifs a dû retentir dans la perception visuelle, car
autrement, la perception visuelle, qui au moment
donné remplissait notre conscience, comme le seul
objet d'attention, n'aurait pu provoquer le jugement,
« qu'il y avait quelque chose de changé dans le
milieu ambiant » et la recherche des causes de ce
changement dans les objets vus.

Quelles sont alors les conditions physiologiques du
groupe optique? Supposons que les excitations auditives monotones du bruit ou du tic-tac de la pendule
aient rayonné des centres correspondants vers le
groupe optique, ce qui est d'autant plus probable,
que grâce à la longue coexistence des deux impressions, une communication plus facile entre les centres
pouvait s'établir par hypertrophie. En ce cas, les
excitations auditives augmenteraient la vivacité de la
perception visuelle, comme dans les expériences
d'URBANTSCHITSCH, et leur cessation a pu causer une
diminution de cette vivacité, ce que nous avons
senti, comme changement qualitatif indéfini de la
perception. Cette explication pourrait être acceptée,
si, au moment même de la cessation de ces excitations auditives, *toutes* les autres excitations auditives
cessaient en même temps, et même toutes les excitations des autres sens, et si le groupe optique seul
fonctionnait, dénué de ses excitants extérieurs accessoires provenant du rayonnement cérébral des autres
centres ; dans ce cas, évidemment, le changement
des conditions fonctionnelles de ce groupe serait
assez notable et devrait se traduire par une perception plus faible. Mais nous savons qu'à l'état normal les choses ne se passent jamais de cette façon ;
malgré la cessation de certaines excitations, il y a
toujours d'autres excitations accessoires — celles de

l'ouïe, de l'odorat, du goût, du toucher, de la température, de la motilité du corps — qui peuvent aussi rayonner centralement sur le groupe optique et renforcer son activité, s'il y a seulement des voies d'association convenables, et il y en a toujours pour les excitations qui se répètent souvent. La disparition donc de l'un de ces excitants accessoires ne pourrait produire une différence plus marquée dans les conditions fonctionnelles du groupe optique, et celle qui a lieu pourrait seulement s'exprimer du côté subjectif, par une différence très petite de l'intensité de la perception, tandis qu'en réalité nous avons dans ce cas un changement *qualitatif* du caractère émotionnel. Dans les expériences d'URBANTSCHITSCH et d'autres, nous ne voyons pas que le changement d'intensité soit apprécié par l'esprit comme un changement qualitatif de cette espèce ; au contraire, on perçoit alors nettement que c'est l'intensité seule qui change. C'est pourquoi le changement qualitatif d'une perception visuelle provoqué par la suppression des autres excitations sensorielles inaperçues, ne peut être attribué au seul changement du groupe sensoriel (A-B-C-D) du corrélatif ; ce changement existe sans aucun doute, mais, par lui-même, il n'explique pas le phénomène subjectif ; nous sommes donc autorisés à supposer que le changement de conscience s'y fait aussi sous l'influence directe de la suppression des excitants accessoires des autres sens, ce qui veut dire que les groupes nerveux qui leur correspondent prennent aussi part au corrélatif de la perception consciente.

Cette participation peut être expliquée de la façon suivante : l'excitation sensorielle inaperçue se borne seulement aux centres inférieurs du sens donné, parce que nous savons que l'adhésion à ceux-ci des centres corticaux supérieurs, particulièrement de ceux de la région frontale, conditionne la *reconnaissance* de l'impression. Le fonctionnement isolé des centres inférieurs (c'est-à-dire du groupe sensoriel dans les centres frontaux) s'exprime donc, dans la conscience, comme une impression non reconnue, c'est-à-dire n'ayant aucune qualité intellectuelle définie, une espèce de sensation a-intellectuelle et anonyme. Si un groupe pareil fonctionne simultanément avec la perception d'un autre sens (dans le cas donné, avec la perception visuelle) il se traduit alors par une qualité indéfinie de cette perception, qualité plutôt émotionnelle, qui n'a aucune signification pour la pensée, mais dont la disparition lors de la suppression des excitants correspondants, est perçue par nous, comme un changement qualitatif émotionnel de cette même perception.

CHAPITRE IV

Théorie de la perception

—

D'après ce que nous avons dit on peut admettre que dans le corrélatif de la perception visuelle entrent les groupes suivants de neurones actifs : 1° groupe du sens, dont l'excitation est perçue (embrassant les éléments périphériques centripètes et centrifuges, les éléments des centres sous-corticaux et les éléments de l'écorce occipitale, avec le groupe des neurones « mnésiques » de la région des lobes frontaux); 2° groupe « cénesthésique » des neurones qui correspondent aux fonctions organiques, avec ses centres dans les ganglions sympathiques, la moelle épinière et la moelle allongée, dans la substance grise sous-corticale et corticale ; 3° groupe des neurones des autres sens, excités *simultanément*, y compris leurs centres inférieurs.

Au fonctionnement simultané de ces trois groupes, correspond un seul moment de conscience — une perception visuelle, avec ses qualités objectives, avec son ton émotionnel propre, et cette manière particulière, indéfinie, dont nous la ressentons au moment donné. Ces qualités ne deviennent des états de conscience distincts que dans le développement de la perception par la pensée, lorsqu'elles apparaissent en tant que concepts, en tant que prédicats des jugements divers, qui en résultent. Sans cela, c'est-à-dire au moment où la perception n'est qu'une sensation symbolique d'une certaine connaissance, sensation qui présente seulement la *possibilité* de diverses conceptions et jugements, — toutes ces qualités sont contenues dans *un seul* moment de conscience. Cela résulte de la nature même de la pensée, en tant que processus ultérieur, *qui différencie ce qui est simple et unique dans l'état de l'impression.* Dans l'impression d'un certain objet nous n'avons jamais une qualité « de grandeur » par exemple, qui nous serait donnée séparément, de qualité « de couleur », de qualité « de direction », de qualité « émotionnelle », etc., de même que nous n'avons pas « un objet » abstraction faite de ses qualités ; nous ressentons l'objet et ses qualités comme un tout ; les distinctions n'apparaissent que du côté de la pensée et sont *des conceptions de caractère abstrait*, auxquelles aucune réalité de la sensation ne correspond *d'une manière exacte.* C'est pourquoi elles ne peuvent exister qu'autant qu'elles possèdent leurs symboles du langage. Si donc nous considérons non pas les pensées que la perception provoque, mais la perception elle-même, c'est-à-dire cet état de sensation qui correspond à un objet, nous considérons alors *le fait simple* de conscience, où il n'y a aucune différenciation *psychique.*

Or, comme nous avons vu, à ce fait simple correspond, du côté physiologique, l'état actif de tous les groupes de neurones qui fonctionnent dans l'organisme *simultanément* avec son existence subjective. Si nous éliminons le fonctionnement du groupe optique (A⋅B), la perception donnée n'apparaît point. Si nous modifions le groupe actif des neurones moteurs de l'œil (C), il y a changement dans les qua-

lités de grandeur et de localisation de l'objet. Si nous
éliminons le fonctionnement du groupe « mnésique »
des circonvolutions frontales (D), la perception devient
une impression non reconnue, un état a-intellectuel
de conscience. Si nous modifions ce groupe qualita-
tivement (en créant une autre direction de reconnaissance), la perception visuelle persiste, mais sa
signification symbolique, intellectuelle, est changée,
c'est-à-dire qu'elle devient pour la pensée un autre
objet ou un objet doué d'autres qualités. Si nous
modifions le groupe « cénesthésique » (E), la qualité
anonyme de la perception est changée, ou bien son
ton émotionnel. Si nous modifions le groupe « des
autres sens » (F), l'intensité de la perception est
changée, de même que sa qualité émotionnelle. —
Toutes les excitations donc, qui agissent au moment
donné sur l'organisme, et tous les éléments, qui sont
alors actifs, trouvent leur expression dans le côté
subjectif de ce moment — dans la conscience d'une
perception donnée. Celle-ci est, — si nous employons
l'expression de LEIBNITZ, — une « monade » qui
*réfléchit en elle tout l'univers qui, à ce moment,
coopère avec l'organisme.* Pour ce qui est de savoir
quel groupe de ces excitations simultanées doit devenir une perception consciente, cela dépend exclusivement du groupe « de reconnaissance », c'est-à-dire
d'éléments de l'écorce cérébrale (de la région des circonvolutions frontales), qui va se joindre au fonctionnement des neurones sensoriels ou, en d'autres
termes, de quel côté se dirigera notre attention. Si
les centres de reconnaissance ne peuvent prendre
part aux excitations sensorielles, alors toutes ces excitations s'expriment de la même manière dans la
conscience a-intellectuelle et donnent seulement un

— —

moment de sentiment confus; il se passe ainsi par
exemple, lorsque notre attention ne peut s'adapter
assez rapidement aux impressions nouvelles : au lieu
de les saisir intellectuellement et les reconnaître, en
tant qu'objets extérieurs, nous avons alors un sentiment d'*étonnement*, par exemple, qui se change en
perceptions ordinaires à mesure que nous sortons de
l'état de distraction ou de somnolence qui étaient la
cause d'une paralysie de l'attention au premier
moment. Si ce sont les centres de « la mémoire visuelle » qui entrent en état actif sous l'influence des
excitations sensorielles, le moment de sentiment anonyme devient alors perception visuelle, c'est-à-dire
que les impressions de l'œil deviennent conscientes,
en tant qu'objet défini pour la pensée, tandis que
toutes les autres impressions s'expriment d'une
manière anonyme, dans la qualité indéfinie de cet
objet. Si, par contre, au groupe des neurones qui
fonctionnent vont se joindre les centres corticaux de
la mémoire d'un autre sens, le moment de la conscience, au lieu de devenir une perception visuelle,
devient alors une autre perception quelconque. Si
enfin ce sont les centres de la mémoire émotionnelle,
cénesthésique, qui s'y joignent, au lieu des centres de
la mémoire sensorielle, l'état de notre corps, douleur,
plaisir, pesanteur ou légèreté, apparaît alors nettement, en tant qu'objet d'attention, tandis que les
impressions de nos sens passent dans une sensation
confuse et chaotique.

Tout ce qui, à un moment donné, agit sur l'organisme, a donc son expression du côté subjectif; mais
l'état des centres corticaux « mnésiques », détermi-
nera lesquelles de ces excitations vont devenir objet
de perception et lesquelles d'entre elles ne seront

exprimées que dans la qualité émotionnelle de l'objet. De cette manière, le même moment psychique, en tant qu'expression des différentes excitations simultanées, peut donner lieu à des perceptions différentes (1).

La question étant donc ainsi posée, on peut affirmer que tous les groupes des neurones qui fonctionnent simultanément à un moment donné de conscience, appartiennent à son corrélatif physiologique. Nous savons aussi que le fonctionnement d'un neurone se laisse identifier avec sa vie élémentaire, avec la réaction chimique d'assimilation et de désassimilation qui se passe entre lui et son milieu. Nous savons également que la vie élémentaire de tous les autres éléments de l'organisme est conditionnée par des excitations nerveuses, et que l'action des neurones ne se borne jamais à eux seuls, mais qu'elle se transmet aussi aux éléments musculaires, glandulaires, etc., en se transformant en réaction qui leur est propre, de sorte que tout ce qui se passe dans le système cérébral et médullaire s'exprime en même temps d'une manière exacte dans les tissus orga-

---

(1) Il en résulte que, si deux groupes différents de reconnaissance se joignaient à un groupe actif donné de neurones des différents sens, le moment psychique donné se dédoublerait alors en deux perceptions différentes, c'est-à-dire que nous aurions deux états différents de conscience et deux parcours différents de pensée, existant simultanément. Comme nous le savons, il ne se produit rien de pareil dans les conditions normales. A en juger cependant par les descriptions que donnent par exemple JANET et BINET de leurs expériences sur des sujets hystériques, lorsque la main peut répondre aux questions posées, à l'aide de l'écriture automatique, tandis que le sujet est complètement absorbé par un travail intellectuel ou par une vive conversation, on peut admettre que, dans quelques conditions physiologiques, le phénomène de dédoublement de la conscience a lieu réellement.

niques de différentes espèces, dans le type de fonctionnement des organes internes, dans la tension et les contractions des muscles, dans les modifications sécrétoires, de même que dans les changements de l'état de la peau et des muqueuses. Tout l'organisme donc devient expression extérieure de la conscience du moment donné, incarnation de cette « âme » qui existe alors. Mais, comme dans les conditions normales il n'y a pas de fonctionnement des neurones sans une réaction des tissus correspondants de l'organisme, et qu'une telle réaction implique toujours une action nerveuse correspondante, rien ne nous autorise à limiter le corrélatif de l'état psychique au seul groupe nerveux. Sa formule complète doit contenir aussi tout ce qui *vit* dans l'organisme sous l'influence de ce groupe, et qui, sans cette influence, se trouve à l'état de vie latente et passe à l'état de mort élémentaire, lorsque cette influence du groupe nerveux est définitivement supprimée.

Par rapport à chaque état de conscience, l'organisme se comporte comme s'il se divisait en deux parties différentes : l'une contient tous les éléments nerveux qui sont actifs au moment donné et les éléments d'autres tissus qui en dépendent : c'est la partie *vivante* de l'organisme, où a lieu la réaction élémentaire d'assimilation et de désassimilation. L'autre partie contient tous les autres éléments du système nerveux et de l'organisme, éléments qui ne sont pas actifs au moment donné et demeurent à l'état de vie latente : c'est la partie *endormie* de l'organisme, dont la faculté fonctionnelle et psychophysiologique demeure en suspension jusqu'à ce qu'elle soit libérée par un nouveau système d'excitants. Lorsque l'état de conscience se modifie, ce dédoublement de l'organisme se modifie aussi ; la partie qui était vivante auparavant passe partiellement à l'état de repos, tandis que la partie supplémentaire se réveille partiellement pour prendre part au groupe dynamique nouveau. Si nous désignons par z la totalité des éléments d'un organisme donné et par m la somme de tous ces éléments qui sont actifs pour un état donné de conscience, le reste n, égal à $z - m$, va représenter la partie de l'organisme qui n'appartient pas au corrélatif, c'est-à-dire celle qui demeure à l'état de vie latente. Si nous supposons que, pour l'état de conscience α, la partie vivante m contient les éléments $(a + b + c + d + ...)$ et la partie endormie n les éléments $(a_i + b_i + c + d_i + ...)$, pour le passage de l'état donné de conscience à l'état β, la première partie deviendrait par exemple $(m - a) + a_i$, et la deuxième $(n - a_i) + a$, c'est-à-dire qu'il se serait produit un changement qualitatif dans le groupe actif des éléments des tissus nerveux, aussi bien que des autres tissus : une partie d'entre eux (a) passe à l'état de repos, tandis que les autres groupes (a_i), qui appartenaient auparavant à la partie endormie de l'organisme, passent à l'état actif. A la variation continue de la conscience correspond donc un déplacement de la vie élémentaire, d'une région de l'organisme à l'autre, un dédoublement, toujours différent, de l'organisme, en partie vivante et en partie endormie, de sorte que le type propre, normal, de la vie de chacun des éléments biologiques du corps humain est cette forme, qualifiée par CLAUDE BERNARD de « vie oscillante » et qui consiste en passage alternatif de l'activité au repos, du phénomène réel à son état latent — et inversement.

Cependant, comme l'état actif de l'élément nerveux, de même que de chaque élément de l'organisme, est la réaction d'assimilation et de désassimilation, qui a lieu entre lui et son milieu, réaction différente au point de vue chimique pour chaque espèce d'éléments, il en résulte qu'avec le changement du groupe dynamique de l'organisme, changement correspondant aux variations de la conscience, doit se modifier aussi la composition chimique du milieu commun des éléments — du sang et de la lymphe : d'abord, parce que les groupes divers qui fonctionnent prennent du milieu, en proportions inégales, les substances qu'ils ont besoin d'assimiler ; ensuite, parce qu'ils lui rendent les divers produits de désassimilation, lesquels proviennent des réactions de types divers ; enfin, parce que, en rapport avec la composition du groupe nerveux qui fonctionne, peuvent varier aussi la qualité et la quantité des sécrétions, ce qui exerce une influence directe sur les proportions des divers composants du sang. Chaque état de conscience possède donc dans l'organisme sa *caractéristique chimique*, de même qu'il possède une caractéristique motrice. Ce résultat, que nous avons obtenu par déduction, se confirme aussi dans certains faits de l'expérience.

Une des preuves les plus intéressantes se trouve dans les phénomènes *psycho-galvanométriques*. D'après les recherches toutes récentes de Jung, Peterson, Veraguth (1), et quelques autres physiologistes, lorsqu'on introduit l'individu dans un circuit électrique, lié avec le galvanomètre, on peut cons-

---

(1) Voir le travail de O. Veraguth, *Psycho-galvanische Reflexphänomen*, Berlin, 1909.

tater facilement que tout processus psychique plus intense chez l'individu, tel qu'une impression, un souvenir, un effort mental, une émotion, provoque une déviation du miroir galvanométrique, d'une grandeur variable, selon l'individu et la nature du fait psychique. — Les recherches de ce genre, que j'ai poursuivies au Laboratoire psychologique de l'Université de Genève, m'ont appris que la réaction galvanométrique n'apparaît que si l'état psychique correspondant est accompagné d'une émotion quelconque, et que la grandeur de cette réaction est proportionnelle à l'intensité de l'émotion. Même les états émotifs très faibles, à peine perçus par l'individu, ceux par exemple qui sont liés aux idées générales, présentent une réaction galvanométrique. — Quelques propriétés constantes de ce phénomène peuvent servir pour déterminer sa nature psychophysiologique : 1° le rapport entre la réaction et l'état psychique de l'individu est très étroit ; la réaction varie, dans des limites assez grandes, chez le même sujet et dans une même période de temps, même courte (par exemple d'une minute), selon les variations psychiques qui ont lieu, à condition qu'elles soient accompagnées d'une certaine teinte émotionnelle ; 2° la réaction *organique* du galvanomètre, celle qui a lieu immédiatement après l'introduction du sujet dans le circuit, sans excitant psychique, varie aussi dans des limites assez grandes, et elle se conserve pendant un certain temps (quinze minutes et plus) ; 3° la réaction psycho-galvanométrique ne se manifeste pas immédiatement après l'action de l'excitant psychique, mais elle exige un certain temps pour se produire ; cette *période latente* de la réaction, qui varie de cinq à quatorze secondes, n'existe que si un organisme vivant se trouve dans le circuit. Entre le moment de la variation psychique de l'individu et le moment de la déviation du miroir galvanométrique, il se passe donc un certain processus *organique*, lequel exige un certain temps pour s'accomplir et se manifester dans l'appareil ; 4° ce processus provoque dans l'organisme une certaine modification, plus ou moins durable, qui se conserve pendant quelque temps, puisque la déviation galvanométrique acquise, après une impression, ne disparaît pas tout de suite, mais petit à petit, en revenant lentement à sa première position ; 5° l'ingestion par l'individu d'une substance étrangère (par exemple de l'alcool) change la grandeur des réactions organiques et psychiques (1).

En général, on peut dire que la réaction galvanométrique se comporte à la façon d'une *modification chimique*, qui se passerait dans l'organisme lors d'une excitation psychique. Or, nous savons que la déviation du galvanomètre, dans la disposition qui fut employée dans les recherches de ce genre, ne peut provenir que de deux sources : d'une modification de la *résistance* dans les tissus de l'organisme, ou de l'apparition dans l'organisme de courants électriques nouveaux ; ces deux causes peuvent du reste coexister, et elles ne peuvent être que le résultat immédiat d'une modification chimique de l'organisme. Le changement qualitatif des liquides organiques du sang et de la lymphe intercellulaire modifie immédiatement la conductibilité et la résistance du circuit donné, ce qui doit se manifester nécessaire-

---

(1) Voir mon travail « Recherches sur les réactions psycho-galvanométriques », *Archives de Psychologie*, 1911, Genève.

ment dans une déviation du galvanomètre. Si la réaction psycho-galvanométrique se présente presque
exclusivement comme une réaction des états émotionnels, cela peut signifier seulement que l'état
psychique doit être assez intense et son corrélatif
chimique assez fortement accentué pour qu'il puisse
provoquer une déviation du galvanomètre. Or l'émo-
tivité de l'état c'est en même temps son intensité, sa
plus forte conversion organique, aussi bien dans les
phénomènes chimiques que dans les phénomènes
moteurs.

Dans la même catégorie de phénomènes il faut
ranger les changements qualitatifs de la sueur sous
l'influence des diverses émotions, lesquels se traduisent par une odeur spéciale, parfois aussi par
une couleur spéciale — jaune, verte, bleue ou noire ;
la malade décrite par Parrot devenait bleue toutes
les fois qu'on lui disait quelque chose de désagréable,
particulièrement pendant la menstruation. — Von
Ammon, Kellog et d'autres citent des cas où l'allai-
tement d'un enfant par une personne qui venait
d'éprouver une forte colère a causé des convulsions
et la mort de l'enfant. Verrier a observé la disparition des éléments nutritifs du lait à la suite d'émotions accablantes. D'après Redi et Le Cat, la mor-
sure d'une vipère ne devient vénéneuse que lorsque
l'animal est irrité ; et inversement, les morsures des
animaux les moins venimeux peuvent être rendues
presque pareilles à celles de la vipère, si on les met en
grande colère. Hunter a constaté que le sang ne se
coagulait pas chez un homme qui était mort dans un
accès de forte colère ; on peut observer la même chose
chez des animaux soumis à une forte fatigue ou aux
douleurs. Van Swieten, Bichet, Trousseau et d'autres

constatent une augmentation de la quantité de pto-
maïne dans les sécrétions salivaires sous l'influence
de la colère.

On connaît aussi la variabilité chimique des sécrétions urinaires (azoturie, oxalurie, phosphaturie,
etc.), qui correspond aux différents changements de
l'état émotionnel — à la peur, à la mélancolie, à l'irritation. Les recherches méthodiques concernant le
rapport de ces sécrétions au travail mental sont assez
nombreuses. D'après BYASSON, il y aurait une augmentation de l'urée, des phosphates et du sel ordinaire, ainsi qu'une diminution de l'acide urique,
comme résultat du travail mental. THORION a observé
dans ce cas une augmentation générale des sécrétions
urinaires et de la proportion de magnésie et de
chaux qu'elles contiennent. Ces résultats ont été con-
testés du reste par WOOD, CASENAVE et SPECH, qui
ont vu la diminution de l'acide phosphorique comme
caractéristique de la réaction (1). MAIRET, qui a su
écarter dans ses recherches les influences provenant des différences d'alimentation et d'autres facteurs de la vie physiologique, est arrivé aux conclu-
sions, que le travail mental diminue constamment la
proportion de l'azote contenue dans l'urine, qu'elle
augmente la sécrétion des phosphates terreux inso-
lubles (de chaux, de magnésie, de fer), et diminue
celle des phosphates alcalins solubles (de sodium et
potassium). Le travail mental utiliserait donc surtout
de l'acide phosphorique lié aux alcalis ; les phosphates

(1) Voir A. STCHERBAK, « Contribution à l'étude de l'influence
de l'activité cérébrale sur l'échange d'acide phosphorique et
d'azote », *Archives de médecine expérimentale et d'anat. pathol.*,
1893.

terreux ne seraient qu'un produit de désassimilation. Par contre, l'influence du travail musculaire serait inverse : il augmenterait la quantité d'azote sécrété et la quantité d'acide phosphorique uni aux alcalis, mais ne changerait pas ou changerait très peu la quantité des phosphates terreux. Dans les états de *manie*, il y a une augmentation de l'azote et de l'acide phosphorique des deux espèces pendant la période d'excitation ; tandis que pendant la péride de dépression il y a une diminution de l'azote et des phosphates alcalins, avec une augmentation des phosphates terreux. En général, à l'état de travail nerveux amoindri correspond toujours la diminution des produits de la décomposition des substances azotées, ce qui caractérise aussi l'*idiotisme* et l'état de *sommeil* (1).

Comme conséquence du changement chimique du sang on peut considérer aussi les phénomènes « d'ivresse morâle » qui se manifestent parfois dans les fortes émotions de gaieté ou les autres émotions excitantes ; c'est une ivresse qui, dans ses symptômes, ressemble beaucoup à l'ivresse alcoolique, et de même que celle-ci, elle entraîne à sa suite un état d'accablement, d'affaiblissement musculaire et des vomissements. A la même catégorie de faits appartiennent aussi les phénomènes d'*amnésie rétrograde* d'origine émotionnelle, lorsque par exemple un accès de forte colère efface dans la mémoire tout ce qui a provoqué cette colère et les circonstances qui l'accompagnaient ; on peut l'expliquer par une action paralysante sur certains groupes de neurones corticaux de ces produits spécifiques de désassimi-

---

(1) A. MAIRET, « De la nutrition du système nerveux à l'état physiologique », *Archives de Neurologie*, 1885.

lation qui s'accumulent dans le sang sous l'influence de la colère, c'est-à-dire en conséquence du fonctionnement de son corrélatif organique (1).

Dans tous ces cas, auxquels on pourrait ajouter beaucoup d'autres, observés dans diverses affections nerveuses (2), on peut voir une certaine *relation qualitative* entre les états subjectifs et les changements chimiques de la composition du sang, lesquels se traduisent soit par la qualité modifiée des sécrétions, soit par des troubles fonctionnels qui démontrent une auto-intoxication partielle de l'organisme. Une telle relation plaide en faveur de la théorie ci-dessus développée, qui *ramène les corrélatifs des différents états de conscience à la vie élémentaire des différents groupes des éléments nerveux et des éléments des autres tissus qui en dépendent.*

(1) Les faits d'amnésie à la suite d'une forte émotion éprouvée, se rencontrent assez souvent. REGIS mentionne un individu qui, étant sauvé après avoir essayé de se suicider par pendaison, a oublié toutes les circonstances qui l'ont poussé à cette tentative (*Arch. clin. de Bordeaux*, 1894). TOULOUSE a observé l'amnésie rétrograde et antérétrograde qui s'était développée à la suite d'une frayeur à la vue d'un incendie : l'amnésie portait sur l'année et le lieu de naissance, sur les parents ; en outre, l'individu observé oubliait tout ce qu'on lui disait et ce qu'il faisait lui-même ; il oubliait où étaient des objets, ne pouvait retrouver son lit; par contre, les connaissances acquises par lui à l'école étaient conservées (*Arch. de Neurologie*, 1894). Une amnésie pareille a d'habitude un caractère électif, elle ne porte que sur certains groupes de faits et rappelle de cette façon aussi les phénomènes de la fatigue intellectuelle et de l'action différenciée des poisons.

(2) Voy. FÉRÉ, *loc. cit.*, pp. 185-195, 201, 231, 243-263, 302-325, 485-6 ; de même que RIBOT, *Psychologie des sentiments*, pp. 122-3, 217, etc.

CHAPITRE V

Corrélatif physiologique des associations mentales

—

Il reste encore à résoudre le problème suivant : comme nous l'avons vu, l'état simple de conscience, la perception, a pour corrélatif physiologique le groupe dynamique d'éléments hétérogènes; tout changement qualitatif de ce groupe, la disparition de certains éléments ou l'adjonction de nouveaux, change aussi l'état de conscience. Il est facile cependant de constater que la formation du corrélatif d'un état simple est *graduelle*, puisque l'excitation doit passer d'un groupe à l'autre ; cela veut dire qu'au premier moment de la perception correspond un changement d'éléments nerveux, lequel exigerait aussi une succession d'états psychiques différents.

Désignons, par exemple, par A le groupe des éléments de la rétine, par B le groupe des éléments des centres optiques sous-corticaux, par C — le groupe des éléments de la rétine occipitale, par $D\ D_1$ — le groupe des éléments moteurs de l'œil, par $E\ E_1$ $E_2\ E_3$ enfin, le groupe des éléments frontaux nécessaires pour la reconnaissance de l'impression visuelle.

Il est évident qu'au premier moment le groupe A seul fonctionne, jusqu'à ce que son fonctionnement se transforme en excitation des centres B, ce qui exige un certain temps, correspondant à la rapidité avec laquelle l'excitation nerveuse se transmet. Au deuxième moment, simultanément avec le groupe A, ne sera actif que le groupe B, jusqu'à ce que son fonctionnement provoque l'excitation des groupes C et D D_1, ce qui demande aussi un certain temps de réaction nerveuse. Au troisième moment, la simultanéité fonctionnelle comprendra quatre groupes : A — B — C — D D_1. Ce n'est qu'au quatrième moment que le groupe frontal E E_1 E_2 E_3 se joint au fonctionnement des groupes précédents, en donnant le corrélatif *sensoriel* complet de la perception. Nous avons donc, aux quatre moments qui se suivent, quatre différents groupes dynamiques : A, A B, A B C D D_1 et A B C D D_1 E E_1 E_2 E_3. Comme tout changement de groupe donne un autre état de conscience, à ces quatre moments physiologiques devraient correspondre quatre différents moments de conscience, ce qui voudrait dire que la perception visuelle d'un objet donné se compose de quatre différents états psychiques : d'abord, nous aurions des sensations rétiniennes pures (α) et (β), sans localisation dans l'espace, lesquelles correspondent au fonctionnement des groupes A et A B; ensuite — une impression inexactement localisée et non reconnue comme objet concret (γ), laquelle correspond au fonctionnement du groupe A B C D D_1; enfin — la perception proprement dite (δ). Tout cela est en contradiction avec l'expérience : car nous ne voyons que des choses concrètes, localisées; d'où l'on pourrait conclure qu'il n'y a de conscience ni au premier, ni au deuxième moment (resp. A et A B), ni au troisième (A B C D D_1), et qu'elle n'apparaît qu'au quatrième moment (A B C D D_1 E E_1 E_2 E_3). La question ne peut être cependant posée de cette manière, car cela nous donnerait à

penser que les groupes A, AB et $ABCDD_1$ ne pourraient être, par eux-mêmes, corrélatifs d'états psychiques, et que seulement associés à $EE_1E_2E_3$ ils
trouveraient leur expression subjective. Il n'y a cependant aucun principe *a priori* qui nous autorise à
supposer que le phénomène de conscience soit con-
ditionné par une certaine quantité et une certaine
qualité des éléments actifs, c'est-à-dire qu'il puisse y
avoir tels groupes nerveux, au fonctionnement des-
quels correspondrait le zéro psychique. Il n'y a pas
non plus d'observations expérimentales qui puissent
confirmer cette supposition. L'animal, dont les hémisphères ont été enlevées, présente le cas où le
groupe AB seul fonctionne ; mais le fait que l'excitation visuelle ne présente pas alors de réflexes oculaires ni de mouvements adaptés au but, nous prouve
seulement que l'impression n'est pas reconnue,
qu'elle n'est pas une perception, une connaissance
définie à laquelle serait adaptée la manière d'être de
l'animal, en vertu des associations expérimentales
antérieures ; par contre, cela ne nous prouve nullement qu'il n'y ait alors aucune conscience, surtout
si nous prenons en considération notre propre expérience introspective, qui nous démontre que la conscience ne se borne pas à des connaissances définies,
à des états à caractère intellectuel, mais qu'elle
apparaît aussi dans les états a-intellectuels, dans les
sentiments indéfinis auxquels l'activité ne peut s'adapter.

Il y a aussi des cas, dont nous avons déjà parlé, où
le groupe $ABCDD_1$ se traduit dans la conscience
avant que le fonctionnement du groupe $EE_1E_2E_3$ se
joigne à lui. Lorsqu'on est, par exemple, fortement
absorbé par ses propres pensées, notre attention ne

peut s'adapter assez vite à une excitation qui vient
du dehors, et celle-ci ne peut être perçue alors comme
objet ; il existe un instant où elle n'est qu'un sentiment de quelque chose, ou bien un sentiment d'étonnement, qui ne devient une perception d'objet qu'à
l'instant suivant. Evidemment, ce qui est exprimé
dans cet état indéfini de conscience, ce n'est pas
seulement le groupe des éléments de la rétine, car
simultanément sont actifs aussi les neurones moteurs,
les neurones des fonctions organiques et les neurones
soumis aux autres excitations sensorielles ; par conséquent, même dans ce cas, une telle « sensation
élémentaire », dont parle la psychologie classique, ne
peut être réalisée. Les excitations qui agissent ne
s'expriment pas alors en états intellectuels de conscience, mais en états affectifs, indéfinis, et c'est sous
cette forme qu'apparaît alors la corrélation psycho-
physiologique, avant que le groupe « de reconnaissance » $E E_1 E_2 E_3$ se joigne aux éléments actifs périphériques et centraux. Il m'est arrivé, par exemple,
au moment même du réveil dans la nuit, de voir
tout près de mon visage, la fenêtre qui était éloignée
d'une dizaine de pas de mon lit, ou bien de la voir
dans une autre direction et située beaucoup plus haut ;
je la voyais alors comme un carré blanchâtre sur un
fond sombre, et ce n'était qu'après quelques secondes
qu'elle devenait pour moi la fenêtre proprement dite
localisée convenablement. Il est évident que dans ce
cas les associations motrices habituelles ont fait
défaut, par suite de quoi la fenêtre n'a pas été perçue
à la distance convenable, et de même, faute d'associations mnésiques, l'objet n'a pu être reconnu. Cette
absence d'associations peut être appliquée aisément,
si nous acceptons l'hypothèse de M. MATHIAS DUVAL,

7

que pendant le sommeil, les dendrites des neurones
s'éloignent les unes des autres, ce qui fait que le
passage de l'excitation du groupe A B CD D₁ au groupe
E E₁ E₂ E₃ devient plus difficile et demande plus de
temps que d'ordinaire ; ce retard favorise le fonctionnement isolé du groupe ABCDD₁ et nous laisse
apercevoir d'une manière introspective son côté subjectif, qui dans le cas donné, est une illusion qui se
rapporte à la fenêtre.

La même cause *d'accroissement du temps*, qui
s'écoule entre l'excitation du groupe ABCDD₁ et l'excitation du groupe E E₁ E₂ E₃ agit aussi dans les états de
distraction. Comme nous le savons, toutes les conditions
qui provoquent un état pareil, font accroître aussi le
temps de réaction physiologique ; si les impressions
ne sont pas attendues, ce temps peut se prolonger
jusqu'à un quart de seconde pour des excitations
auditives fortes, et même jusqu'à une demi-seconde
pour des excitations auditives faibles. Il se passe la
même chose, si nous faisons varier le rythme des
excitations régulières et attendues, en diminuant
l'intervalle qui sépare deux excitations successives, et
auquel l'attention est adaptée ; ou bien, si à la série
des excitations sur lesquelles nous devons réagir se
joignent d'autres excitations du même sens ou d'un
autre, agissant d'une façon constante. Dans tous ces
cas, l'adaptation de l'attention à l'excitation, qui agit,
est rendue plus difficile, parce que l'attention est dirigée ailleurs, ou bien parce que l'excitation ne s'accorde pas avec le moment attendu, ou bien encore,
parce que les excitations simultanées exercent une
influence troublante sur l'attention. En même temps,
nous voyons un accroissement du temps de réaction
physiologique, et du côté subjectif apparaît alors

souvent (de même que chez les animaux après l'ablation des lobes frontaux), le phénomène d'un sentiment qui ressemble à la *frayeur*, surtout dans le cas d'une excitation inattendue ou de la diminution de l'intervalle rythmé (1).

Le temps de réaction peut se décomposer en plusieurs moments différents : 1° le moment de transformation de l'excitation en impression (ce qui correspond au fonctionnement du groupe $ABCDD_4$) ; 2° le moment de la perception de cette impression contre laquelle nous avons à réagir (ce qui correspond à l'adjonction des éléments $EE_4E_2E_3$ c'est-à-dire à la formation du groupe actif $ABCDD_4EE_4E_2E_3$) ; 3° le moment de formation d'une représentation associée du mouvement à l'aide duquel nous devons répondre à l'excitation reçue, et enfin, 4° la réalisation musculaire de cette représentation. Or, les conditions susmentionnées n'influent pas sur le premier moment, si la force d'excitation reste la même. Pour se convaincre de ce qu'elles n'influent pas non plus sur le troisième ni sur le quatrième moment, il suffit de recourir à des expériences qui démontrent que le temps de réaction n'est pas accru dans le cas d'une action simultanée des excitations accessoires, si l'attention est si bien adaptée à l'excitation principale, que l'excitation accessoire qui précède en réalité l'excitation principale, est perçue *simultanément avec celle-ci* ou même *après elle* (2). En ce cas, le facteur perturbateur n'exerce évidemment aucune influence sur l'action de l'attention, puisqu'on ne perçoit même pas l'excitation précédente surajoutée jusqu'à ce que

(1) Voy. Wundt, *loc. cit.*, II, p. 267-276.
(2) *Ibid.*, II, p. 276-277.

l'excitation attendue apparaisse, et qu'en même temps, le temps général de réaction n'est pas accru, ce qui prouve que le facteur perturbateur ne concerne que le deuxième moment et ne se rapporte ni au troisième ni au quatrième. Car, s'il en était autrement, alors, malgré une adaptation parfaite de l'attention et malgré la cécité psychique pour l'excitation surajoutée, cécité qui se traduit par ce fait qu'on perçoit l'excitation surajoutée simultanément avec l'excitation principale ou après celle-ci, le temps général de réaction serait modifié, grâce au trouble apporté au troisième et au quatrième moment. Si cependant les mêmes conditions perturbatrices rencontrent une adaptation plus faible de l'attention à l'excitation principale, de sorte que l'excitation surajoutée est perçue, conformément à la réalité, *avant* l'excitation principale, alors le temps général de réaction est accru, ce qui prouve que son accroissement dépend de la rapidité de reconnaissance de l'excitation principale, c'est-à-dire du deuxième moment.

Un tel résultat peut être prévu théoriquement, car le troisième moment, c'est-à-dire l'apparition de la représentation du mouvement convenu, ne dépend que de la perception avec laquelle cette représentation a été associée précédemment ; à l'instant donc où cette perception apparaît, rien n'empêche plus l'accomplissement des deux moments ultérieurs de réaction.

Dans les expériences susmentionnées nous avons d'ailleurs une mesure directe du temps de perception, c'est-à-dire du temps qui s'écoule entre l'excitation du groupe $A B C D D_1$ et celle du groupe $E E_1 E_2 E_3$. Le son du diapason *précède* l'excitation principale (visuelle ou auditive) à laquelle notre attention est adaptée par avance. Si ce son est entendu *avant* l'excitation principale, cela veut dire que l'attention a pu être dirigée vers ce son, sans grande difficulté, et que la reconnaissance de ce son s'est passée d'une manière normale, conformément à l'ordre des excitations réelles, ou, en d'autres termes, qu'il n'y avait pas d'état de distraction par rapport au son du diapason. Si cependant ce son est entendu *simultanément* avec l'excitation principale ou *après* celle-ci, il est évident que son temps de perception *s'est accru*, ce qui correspond à l'état de distraction, par rapport à ce son, l'attention étant parfaitement adaptée à l'excitation principale.

Dans les états de distraction nous avons donc probablement les mêmes conditions pour la transmission des excitations d'un groupe de neurones à un autre, que celles qui existent au moment du réveil d'un profond sommeil ; c'est-à-dire que cette transmission est rendue *plus difficile* d'une certaine façon et que l'intervalle de temps entre le fonctionnement isolé du groupe $A B$ ou $A B C D D_1$ et le fonctionnement du groupe entier $A B C D D_1 E E_1 E_2 E_3$ est devenu plus grand. Dans les deux cas nous avons une reconnaissance inexacte de l'impression ou bien une impression non reconnue qui se présente à nous comme un sentiment « de quelque chose », un sentiment d'étonnement ou de frayeur, états sans objet, qui cessent aussitôt que l'attention s'adapte à l'impression.

La conclusion la plus simple qui peut en être tirée est que le groupe $A B C D D_1$ qui fonctionne sans $E E_1 E_2 E_3$ (quoique simultanément avec les autres groupes qui se forment sous l'influence de diverses excitations sensorielles et organiques) se traduit dans la conscience par un état affectif, qui n'a aucune valeur définie pour notre esprit, et peut à peine s'exprimer dans le jugement qu' « il y a quelque chose d'externe ». Cet état peut cependant être observé introspectivement et conservé dans la mémoire, *si le temps du fonctionnement isolé du groupe A B C D D₁ se prolonge quelque peu, par suite des conditions spéciales dans lesquelles se trouvent les centres corticaux.* Ordinairement le moment du groupe A B C D D₁ isolé est d'une durée trop courte pour que la mémoire de son corrélatif subjectif puisse être gardée ; *la pensée n'a pas encore le temps de le saisir, lorsque apparaît déjà la perception ordinaire* qui, étant plus facile à remarquer, efface la mémoire de l'état précédent de la conscience a-intellectuelle, de sorte qu'au lieu de deux jugements nous n'en avons qu'un seul qui se rapporte à la perception ; c'est pourquoi nous ne connaissons pas, ordinairement, par introspection, ce premier moment anonyme, expression subjective du groupe isolé A B C D D₁.

Si cependant l'intervalle de temps qui sépare le groupe A B C D D₁ du groupe A B C D D₁ E E₁ E₂ E₃ est *plus grand*, comme il arrive presque toujours dans les conditions qui amènent la distraction, alors le premier moment réussira à être remarqué, à l'aide d'un jugement distinct, avant que la perception proprement dite apparaisse ; et alors *nous avons deux jugements différents qui constatent deux existences psychiques différentes : d'abord, l'étonnement, ou, en général, un sentiment confus de quelque chose d'extérieur, ensuite — l'objet perçu.* Il peut se faire cependant aussi que cet intervalle n'existe point, et que le fonctionnement du groupe A B C D D₁ rencontre déjà les éléments de la reconnaissance (du groupe E E₁ E₂ E₃) actifs, en formant sur-le-champ le corrélatif total de perception : c'est le cas d'une impression *attendue*, d'antéception, lorsque le groupe E E$_1$ E$_2$ E$_3$ est excité par la voie centrale, de sorte qu'une excitation périphérique du groupe A B C D D$_1$ apparaît simultanément avec l'état actif de l'autre groupe. Si l'activité du groupe E E$_1$ E$_2$ E$_3$ est encore plus intense, elle peut devenir excitation centrale pour le groupe A B C D D$_1$, et alors la perception de l'impression attendue précédera l'apparition de l'excitant réel.

La question donc peut être posée de la manière suivante : au fonctionnement *simultané* de différents groupes d'éléments nerveux correspond toujours *un seul* état de conscience, état anonyme ou intellectuel selon que les centres frontaux de la mémoire participent ou non au groupe actif. Si au groupe des éléments simultanément actifs se joint un autre groupe quelconque après un temps qui est *plus petit* que le *minimum* nécessaire au développement du jugement le plus simple, alors l'expression subjective du premier groupe ne peut pas être aperçue, et nous ne retrouvons dans notre expérience interne que l'expression subjective des deux groupes, qui fonctionnent simultanément, — en tant qu'un seul état de conscience. Si cependant l'autre groupe s'y joint après un temps *plus grand* que ce *minimum*, nous pouvons alors apercevoir deux états de conscience différents, qui se succèdent, et dont le premier correspond au fonctionnement du premier groupe, et le deuxième au fonctionnement simultané des deux groupes. En général donc, *à tout changement qualitatif de la conscience correspond un changement du groupe des éléments simultanément actifs*, et tant que le groupe dynamique donné persiste sans un changement quelconque, l'état correspondant de conscience persiste aussi.

Voyons maintenant comment peut changer le groupe dynamique donné. Théoriquement sont possibles les changements de quatre sortes : 1° au groupe donné se joint un nouveau groupe d'éléments : au lieu de $(a+b)$ il y a $(a+b)+n$; 2° du groupe donné disparaît un certain groupe d'éléments : au lieu de $(a+b)$ il y a b ; 3° au groupe donné un nouveau se joint, et en même temps un certain groupe d'éléments en disparaît : au lieu de $(a+b)$ il y a $(b+n)$; 4° un nouveau groupe d'éléments s'y joint, mais en même temps le groupe primitif disparaît : au lieu de $(a+b)$ il y a n. Dans chacun de ces cas se produit la succession de deux groupes dynamiques différents, et par conséquent la succession de deux états de conscience différents, si le terme subjectif du premier groupe a réussi à se fixer introspectivement. Tâchons de retrouver ces types dans l'explication physiologique des faits d'expérience interne.

1) Nous retrouvons dans la perception le premier type du changement physiologique qui représente la succession des groupes $(a+b)$ et $(a+b)+n$, si l'objet n'est pas attendu (en ce cas, comme nous l'avons déjà dit, le groupe $(a+b)$ ne fonctionne pas isolé de n). Dans la perception habituelle, la succession de ces deux groupes ne correspond pas à deux expériences introspectives différentes, mais à une seule, qui est fixée par la pensée comme perception de l'objet donné. Mais dans les conditions de distraction ou de somnolence des centres corticaux, cette succession se traduit du côté subjectif par la succession de deux états de conscience différents, dont le premier n'a qu'une valeur de sentiment (étonnement, frayeur) ou bien, tout au plus, d'une notion de

« quelque chose » d'indéterminé, qui est en dehors
de nous, tandis que le deuxième est la perception
proprement dite de l'objet. Dans la succession de ces
deux états notre pensée retrouve une liaison géné-
tique : nous rapportons la perception à ce moment
indéfini qui la précédait ; nous disons par exemple
« que ce qui nous a étonné était telle chose »,
quoique, au moment même où nous éprouvions
l'étonnement, cette chose n'ait pas été reconnue
encore, n'existât pas pour nous et se réduisît au seul
sentiment de surprise ou d'une autre émotion analogue; du moment cependant que nous la percevons,
cette émotion disparaît, car la chose elle-même,
étant une impression ordinaire pour nous, n'est pas
capable de l'évoquer. La conscience d'une telle
union de deux états qui se succèdent, dans laquelle
le deuxième état n'est considéré que comme une
autre forme du premier, ce que nous exprimons à
l'aide du verbe « est », la conscience d'une telle
union constitue la caractéristique de ces successions
que nous appelons « jugements ». La perception
retardée par la distraction, somnolence, fatigue ou
un autre facteur perturbateur, constitue donc une
sorte de jugement. Seulement comme le premier
terme de la relation y est un état psychique a-intellectuel et comme ce n'est que le deuxième qui est un
objet déterminé pour la pensée, c'est-à-dire apte à
être soumis au jugement proprement dit, la relation
qui apparaît ici ne peut se fixer dans deux termes
différents et se réduit à un seul terme, qui est la
perception d'un objet.

Le changement physiologique qui correspond au
fait d'une perception *retardée* appartient évidemment
au premier type, car les éléments périphériques

demeurent les mêmes dans les deux moments successifs (c'est-à-dire que le groupe $a+b$ demeure le
même), et que l'apparition de la perception dépend
exclusivement de l'adjonction d'un groupe nouveau
des centres corticaux.

Le changement physiologique du même type peut
cependant se produire aussi dans une autre succession subjective, par exemple lorsque, au moment de
la perception d'une chose, une excitation nouvelle,
d'un autre sens, commence à agir, sans que notre
attention soit détournée de l'objet perçu. Dans ce cas
la nouvelle excitation, restée inconsciente, peut
changer notre *manière de sentir* l'objet perçu, d'une
manière *indéfinie*, jusqu'à ce que notre attention
se dirige sur la cause qui a provoqué ce changement,
ce qui, du côté physiologique, se traduit par ce fait
que le groupe *périphérique* d'un autre sens se joint
au corrélatif de la perception donnée, lequel continue
à persister.

La même chose peut arriver si au corrélatif de la
perception ne se joint pas le groupe des éléments
périphériques, mais celui des éléments *centraux* ;
nous voyons par exemple un objet, indifférent pour
nous par sa nature, lequel, après un certain moment,
devient cependant pénible, triste ou agréable, parce
qu'une expérience antérieure l'a associé d'une façon
quelconque à la tristesse ou à la joie que nous
avons éprouvées autrefois; le fait de cette émotion et
les circonstances qui l'avaient accompagnée ne se
sont pas reproduits dans notre souvenir, de sorte que
nous ne savons pas d'abord d'où vient cette couleur
émotionnelle de l'objet, et ce n'est que plus tard que nous
nous rappelons par quelle voie associative elle a pu se
former. Nous y avons donc tout d'abord la perception

d'un objet (groupe $a+b$), laquelle reproduit, en vertu d'une association précédemment formée, un état émotionnel (groupe n d'éléments corticaux et d'éléments des fonctions organiques qui en dépendent. Mais comme l'attention ne passe pas de l'objet donné aux souvenirs, l'élément émotionnel reproduit s'incarne dans le même objet, et nous avons la même perception, modifiée seulement dans sa teinte affective, — c'est-à-dire qu'au lieu du groupe $(a+b)$ fonctionne alors le groupe $(a+b)+n$. Le premier type du changement physiologique se rapporte donc à la formation de la perception retardée, ou bien au changement d'une même perception. Lorsque la pensée saisit ce changement, la conscience de *relation* entre ces deux états successifs différents apparaît aussi : la chose donnée et la même chose changée peuvent toujours servir à la formation de la synthèse de jugement ; elles ne se présentent jamais comme une simple succession des états isolés et indépendants les uns des autres.

Ce même changement physiologique du premier type correspond aussi à tous les *jugements* proprement dits, formés de deux concepts — du sujet et du prédicat. Comme tout concept du prédicat renferme aussi le concept du sujet, auquel il est uni, on peut admettre que son corrélatif physiologique ne diffère du corrélatif du sujet que par l'adjonction des éléments nouveaux, tout en conservant le groupe actif entier du premier terme, ce qui s'exprime, dans la formule de succession : $(a+b)$ et $(a+b)+n$. La nature du « prédicat » s'accorde avec cette hypothèse physiologique, puisqu'il n'est jamais une abstraction libre et complète, mais se limite strictement à la nature du sujet, et n'exprime que la qualité qui y est contenue. Lorsque nous disons, par exemple, que la « neige est blanche », nous ne pensons pas alors, dans le prédicat, la « blancheur » en général, ni la blancheur d'un autre objet quelconque, mais exclusivement celle qui nous est présentée dans l'expérience avec la neige. Tandis que le même prédicat, devenant un concept libre et isolé, en dehors de la synthèse d'un jugement, présente une abstraction, à laquelle on peut substituer à volonté tous les objets concrets qui sont réunis dans notre expérience par la ressemblance de « blancheur ». Ce qui prouve que l'idée du sujet persiste dans le prédicat du jugement; dans le premier terme (sujet), nous concevons l'objet entier avec toutes ses qualités ; dans le second terme (prédicat), nous le concevons en tant que limité exclusivement à *une de ses qualités;* c'est une règle générale pour tous les jugements, qu'on peut appeler « subjectivité du prédicat » ; du côté physiologique, cela correspondrait au premier type du changement, c'est-à-dire à l'adjonction d'un nouveau groupe d'éléments au groupe actif précédent.

2) Tous les autres types du changement physiologique successif consistent dans la *disparition* d'un groupe d'éléments du corrélatif précédent. Ce facteur de modification apparaît seul ou bien il est accompagné de l'adjonction d'un nouveau groupe. La disparition des éléments d'un groupe actif peut être provoquée par des causes de deux sortes. Dans certains cas, cela peut être un *épuisement* de la réaction de l'élément avec son milieu, épuisement causé par une prédominance momentanée des produits de désassimilation sur les substances nutritives, c'est-à-dire par une insuffisance chimique du système, laquelle produit l'arrêt de la vie élémentaire de ce groupe.

Ce sont les mêmes conditions qui existent lors de la fatigue et de la somnolence : un élément disparaît du groupe actif, parce qu'il est *fatigué*, c'est-à-dire intoxiqué par les produits chimiques de son fonctionnement.

Ce cas constitue *le deuxième type* du changement physiologique successif, notamment, l'épuisement partiel du groupe actif sans qu'un nouvel élément s'y joigne, c'est-à-dire la substitution du groupe b au groupe $(a+b)$. Un changement pareil se rencontre rarement, car il faut des conditions spéciales pour que de nouveaux éléments ne s'y joignent pas ; il se produit pourtant de pareils cas. Si par exemple nous fixons longtemps un objet ou percevons attentivement un mot, alors, après un certain temps variable selon l'expérience, nous cessons de *comprendre* cet objet ou ce mot ; ils deviennent pour nous quelque chose d'*étrange* et de *nouveau*, dépourvu du sens ordinaire. C'est le phénomène de « dysgnosie », qu'on a décrit chez les sujets psychasthéniques (voir JANET), mais qu'on peut reproduire aussi chez les sujets normaux, à l'aide d'une forte concentration de l'esprit sur un point quelconque. Dans les expériences de ce genre, que je faisais au Laboratoire psychologique de Bruxelles, j'ai pu observer que toute perception qui se prolonge après la fatigue de l'attention, provoque, dans la majorité des cas, le *sentiment d'étrangeté* de l'objet perçu, comparable, en tout point, à la dysgnosie pathologique (1). On peut supposer que dans ce cas, lors d'une concentration prolongée de l'atten-

----

(1) Voir mon travail du Laboratoire, intitulé : « Les sentiments génériques en tant qu'élément de l'esthétique et de mysticisme » ; *Revue psychologique*, 1911, Bruxelles.

tion, il se produit un épuisement, c'est-à-dire l'impuissance chimique du groupe des centres corticaux qui conditionne la reconnaissance de l'objet donné, en raison de quoi ce groupe disparaît du corrélatif de la perception, et il ne reste que le groupe de l'impression seule, lequel continue à fonctionner, à de courts intervalles, sous l'influence des mêmes excitants. C'est cette impression isolée, dépourvue de ses associations ordinaires, qui produit alors le sentiment de quelque chose de nouveau et d'étrange. Lorsque la fatigue de l'attention cesse et que les associations reviennent, ce qui a lieu après chaque relâchement de la concentration, aussitôt disparaît aussi le sentiment d'étrangeté et la perception ordinaire de l'objet réapparaît. — La fatigue des éléments corticaux mnésiques, qui est à la base de ce fait, peut être expliquée comme une auto-intoxication, provenant de la réaction chimique *prolongée* de ces éléments avec leur milieu nutritif; le groupe actif se modifie ici spontanément, par sa propre activité chimique.

3) Dans d'autres cas, ce n'est pas l'épuisement autogène de la réaction d'un élément avec son milieu qui est la cause de la sortie de cet élément du groupe actif, mais *l'influence inhibitoire* des éléments nouveaux qui se joignent à ce groupe. Dans ce cas le changement physiologique présente *le troisième type*: substitution du groupe $(b+n)$ au groupe $(a+b)$. Nous trouvons une succession pareille dans les *associations*, soit qu'une perception évoque une idée, soit qu'une idée en évoque une autre. Deux états qui se suivent immédiatement, comme association, ont toujours un élément commun. C'est bien évident dans les associations par ressemblance : si une chose perçue nous en rappelle une autre, qui a la même qualité

de couleur, de forme, de contact ou de ton émotionnel, il faut supposer qu'à cette identité correspond
un même groupe d'éléments, commun aux deux corrélatifs différents, parce que deux groupes totalement
différents ne pourraient correspondre à une même
qualité de sensation. Dans les associations par contact,
lorsque, par exemple, c'est un endroit qui nous rappelle une personne, l'identité se retrouve aussi : la
vue de l'endroit nous rappelle d'abord le souvenir du
même endroit, et de la personne simultanément, et
ce n'est qu'ensuite que nous passons aux autres souvenirs concernant la personne même. La même règle
s'applique aussi aux associations par contraste, qui
apparaissent surtout dans l'accouplement des idées
qui expriment une relativité et qui se complètent
mutuellement, comme par exemple clarté et obscurité,
chaleur et froid, grandeur et petitesse, etc. Une idée
appartenant à un couple pareil contient en même
temps l'idée contraire ; l'élément commun aux deux
états doit donc exister aussi.

La disparition d'éléments, qui se produit dans le
changement de ce type, ne peut être attribuée à leur
épuisement autogène, car le temps d'association, qui
atteint en moyenne environ trois quarts de seconde,
est trop court pour qu'un élément qui fonctionne
dans des conditions normales puisse être fatigué,
c'est-à-dire perdre sa faculté chimique de réaction
avec le milieu nutritif. Le même groupe, lorsque le
cours des associations est arrêté, c'est-à-dire lorsque
*de nouveaux éléments centraux ne se joignent pas
à lui* (comme par exemple lors de l'attention concentrée sur un objet), peut persister beaucoup plus
longtemps, sans changement, avant qu'il cède à la
fatigue. La cause de la sortie d'éléments d'un groupe

actif doit donc être cherchée *dans le fait de l'ad-jonction à lui d'éléments nouveaux*, c'est-à-dire qu'il faut admettre que l'action de ces nouveaux éléments exerce une influence *inhibitoire élective* sur certains composants du groupe, fonctionnant comme corrélatif du premier état. Il se passe ici le même phénomène que celui que nous rencontrons dans l'innervation motrice et que nous connaissons sous le nom « d'interférence nerveuse ».

On sait par exemple que l'excitation du nerf pneumogastrique, si elle est faible, cause un ralentissement des battements du cœur ; si elle est forte, — un arrêt du cœur ; par contre, la section de ce nerf amène une accélération du pouls (WEBER). Les fibres cardiaques du pneumogastrique (ou plutôt du nerf spinal qui est uni à celui-ci) arrivent aux ganglions du cœur, et l'influence inhibitoire qu'ils exercent sur les mouvements cardiaques résulte d'une paralysie de l'activité de ces ganglions moteurs. Il est probable que cette influence est de nature chimique, c'est-à-dire qu'il s'y passe un phénomène semblable à celui qui constitue l'épuisement autogène d'un élément, phénomène d'insuffisance chimique du système, mais qui provient d'une autre cause. L'activité des fibres cardiaques du pneumogastrique, comme toute autre, doit être accompagnée des produits de décomposition, qui leur sont propres, dans le genre, par exemple, d'*iodothyrine* de CYON, fabriquée par les glandes thyroïdes, dont l'influence paralyse aussi l'action des éléments accélérateurs du cœur. Pénétrant dans le milieu intercellulaire, ces produits peuvent agir comme des substances toxiques sur les éléments voisins des ganglions cardiaques, de même que beaucoup d'autres substances qui, par leur pré-

sence dans le milieu nutritif, provoquent l'insuffisance chimique de certains éléments pour la réaction
vitale, tout en épargnant d'autres éléments. L'épuration graduelle du milieu de ces produits de décomposition et la diminution simultanée de leur production,
grâce à une réaction chimique de plus en plus faible
des éléments modérateurs, expliqueraient pourquoi
leur action n'est pas continue, mais intermittente :
l'arrêt du cœur par la galvanisation du pneumogastrique ne dure que 15-30 secondes (chez le chien),
puis, les contractions reprennent, même si l'on continue la galvanisation; si l'on cesse cependant l'excitation pour 1 ou 2 minutes, c'est-à-dire pour un
temps qui correspond au repos des éléments modérateurs, leur influence se traduit de nouveau par l'arrêt
du cœur (TARCHANOFF).

Cette manière d'expliquer classe l' « interférence »
nerveuse dans le même genre de phénomènes que
l'action élective des poisons sur les éléments nerveux.
Elle peut être appliquée aussi à tous les autres faits
d'inhibition. L'influence des éléments « dilatateurs »,
par exemple, dont l'excitation supprime le « tonus
vasculaire » et cause la dilatation des petites artérioles, serait due dans ce cas à une influence chimique exercée par les produits de leur désassimilation sur les centres de tonus vasculaire (ganglions du
sympathique) avec lesquels ces éléments sont en
contact direct; l'influence chimique ressemblerait ici
par exemple à l'action du nitrite d'amyle ($C^5 H^{11} Az O^2$),
dont la présence dans le sang amène aussi la dilatation des artérioles, c'est-à-dire la paralysie des centres
vaso-constricteurs. De même, l'influence inhibitoire
exercée par les excitations des tubercules quadrijumeaux et des couches optiques (SETCHÉNOW) et des

hémisphères cérébraux (GOLTZ, FANO et LIBERTINI) sur
l'excitabilité de la moelle épinière (augmentation du
temps de réaction réflexe, diminution ou arrêt des
réflexes) pourrait être comparée à l'action paralysante
qui est exercée sur les réflexes médullaires par la
présence dans le sang de l'éther, du chloroforme, du
chloral, du bromure de potassium, etc., en supposant que, parmi les produits de désassimilation provenant de l'activité de ces éléments cérébraux, qui
sont en contact avec les ramifications centrales de la
moelle épinière, il y a des substances qui agissent
d'une manière semblable.

Cette hypothèse devient encore plus probable si
nous l'appliquons aux changements physiologiques
qui correspondent aux *associations* successives des
idées. Le phénomène d'*inhibition* joue ici le rôle
principal, puisque du moment que l'excitation centrale passe du groupe $(a+b)$ au groupe n, une certaine partie du premier groupe cesse de fonctionner,
de sorte qu'au lieu du corrélatif $(a+b)+n$ nous
avons le corrélatif $(b+n)$, qui correspond à la disparition de l'état de conscience précédent et à l'apparition d'un état nouveau qui lui ressemble, d'une
manière ou d'une autre. Cependant, ce qui doit être
pris ici en considération toute particulière, c'est le
caractère de *différenciation spécifique* que présentent les phénomènes de cette inhibition dans l'innervation cérébrale. Car le groupe du corrélatif suivant
n'exerce pas toujours sur le corrélatif précédent une
influence inhibitoire partielle ou totale; il y en a dont
l'adjonction n'arrête pas du tout l'activité des éléments précédents, comme cela arrive notamment
dans les changements du premier type, où après
$(a+b)$ vient $(a+b)+n$. Il y en a d'autres cependant

dont l'adjonction à un groupe donné paralyse une partie de ses composants comme c'est le cas lors des associations des idées. C'est évidemment la différenciation chimique des éléments adjoints qui entre ici en jeu. Si, par exemple, à la perception ou à la représentation d'une fleur se joint le souvenir de son odeur, cette odeur s'incarne pour ainsi dire, dans la perception visuelle de la fleur, et la fleur continue à être représentée, malgré cette nouvelle association ; il n'y a pas ici d'antagonisme entre ces deux éléments visuel et olfactif ; nous ne sommes pas obligés d'éloigner de notre conscience la forme de la fleur pour nous représenter mieux son odeur, mais, au contraire, plus nettement nous nous représentons sa forme, d'autant plus intense apparaît le souvenir de son odeur. Dans ce cas le nouveau groupe des éléments adjoints (souvenir de l'odeur) n'arrête évidemment aucun des composants du premier groupe (perception visuelle) qui l'a excité. Le même fait se manifeste nettement dans l'adjonction du groupe de reconnaissance aux éléments périphériques, car tous les éléments d'impression sont conservés dans la perception d'un objet reconnu.

Si cependant la représentation ou la perception d'une fleur donnée nous rappellent, par exemple, une autre fleur semblable ou un objet quelconque qui y a été associé par l'expérience antérieure, la première représentation doit alors s'éloigner de la conscience pour que l'autre s'y maintienne d'une manière vive et nette. Il se produit ici un antagonisme réciproque qui caractérise les liaisons associatives des idées. Du côté physiologique, à la disparition du premier état correspond l'arrêt de l'activité des éléments qui constituaient son corrélatif, à l'exception de ceux qui correspondent à la ressemblance qualitative des deux états associés successifs. Donc, nous voyons le même groupe (représentation d'une fleur), une fois ne subir aucune influence inhibitoire de la part des nouveaux éléments associés (comme dans l'exemple du souvenir de l'odeur), — une autre fois être partiellement inhibé, grâce à l'adjonction d'éléments nouveaux (comme la succession des différents états associés). De même aussi nous pouvons, en lisant un livre, suivre parfaitement le cours des pensées de l'auteur, malgré différents excitants extérieurs qui agissent sur nos sens et sur les centres cérébraux, (comme par exemple les bruits de la rue, etc.) ; par contre, nous sommes atteints de cécité mentale complète et les mots lus cessent d'être intelligibles pour nous, si nous sommes dominés par une forte émotion ou une douleur physique. Dans le premier cas, les éléments nouveaux qui s'y joignent n'exercent aucune influence inhibitoire ; dans le deuxième cas, ils arrêtent tout à fait l'activité de certains centres de l'écorce.

L'explication de ces faits deviendra facile, si nous considérons *l'inhibition* comme fatigue d'un élément par suite de la présence dans son milieu nutritif d'une substance qui empêche la réaction de la vie élémentaire. Le phénomène « d'inhibition » qui a lieu toujours dans les associations psychiques, est donc analogue à l'action élective des poisons sur les éléments nerveux, telle par exemple l'action paralysante de la santonine sur quelques-uns seulement des éléments de la rétine, ou l'action de l'oxyde de carbone sur certains éléments de l'écorce dont le résultat est une amnésie rétrograde partielle. L'action toxique élective démontre, comme nous l'avons déjà dit, l'existence de différences spécifiques dans le protoplasme des éléments nerveux et la diversité des types de leur réaction nutritive avec le milieu. L'inhibition psychique spontanée, c'est la même action toxique exercée par les produits de désassimilation dont la présence dans le milieu nutritif enraye la réaction de la vie élémentaire de certains éléments. Si donc, au groupe actif $(a+b)$ se joignent les éléments cérébraux n dont les produits de désassimilation forment des substances indifférentes pour la réaction nutritive de ce groupe, son activité ne sera pas inhibée et le changement physiologique se présentera comme la succession $(a+b)$ et $(a+b)+n$, en se traduisant par un changement correspondant de conscience. Mais si au groupe $(a+b)$ se joignent les éléments cérébraux *n¹ dont les produits de désassimilation contiennent des substances qui paralysent l'activité de ce groupe, et particulièrement de quelques-uns de ses composants,* il va subir alors un arrêt partiel, et apparaîtra la succession $(a+b) - (b+n')$ qui correspond aux *associations.*

4) Le quatrième type de changement physiologique où l'activité du groupe $(a+b)$ est complètement inhibée, par suite de l'adjonction des éléments n, ne serait évidemment qu'un cas du même processus chimique. Ce fait se présente surtout lors des événements émotionnels qui arrêtent instantanément le cours des idées et produisent même une cécité et anesthésie mentale momentanée, pour tout ce qui n'est pas en rapport avec cet événement. C'est aussi le cas de toute suggestion hypnotique ou autre qui, au moment de son entrée dans la conscience, arrête toutes les autres idées et sensations et devient une idée exclusive, propre à toutes les conversions organiques.

Pour terminer cette longue étude, nous allons résumer les principales thèses qui y sont exposées :

1. L'activité nerveuse qui constitue le corrélatif de la conscience n'est autre chose que la réaction chimique des éléments nerveux avec leur milieu nutritif de la lymphe, réaction dont le résultat est l'assimilation et la désassimilation, c'est-à-dire l'acte de nutrition de ces éléments.

2. L'activité nutritive des éléments nerveux entraîne aussi l'activité nutritive des autres éléments histologiques de l'organisme, qui leur sont contigus, en produisant ainsi les divers phénomènes moteurs, sécrétoires, etc.

3. A chacun des états de conscience correspond la formation d'un groupe d'éléments actifs, nerveux et autres, qui lui est propre ; toute modification d'un état de conscience présente, du côté physiologique, une modification qualitative du groupe actif, l'adjonction au groupe de certains éléments nouveaux et la sortie de certains autres.

4. Au corrélatif physiologique d'un état de conscience appartient tout ce qui *vit* dans l'organisme à ce moment, c'est-à-dire tous ses éléments actifs ; tous les autres éléments, qui sont en dehors du corrélatif, présentent à ce moment l'état de repos chimique, de vie latente. — Ce dédoublement de l'organisme en partie *vivante* et en partie *endormie* est sujet à des variations continuelles concomitantes des variations continuelles de la conscience, suivant que des groupes nouveaux se réveillent et que certains groupes précédemment actifs rentrent dans l'état de repos. — Ce déplacement de la vie se manifeste à l'extérieur par des modifications motrices (souvent aussi respiratoires et circulatoires), ainsi

que par des modifications chimiques des sécrétions, du sang et de la lymphe.

5. Le corrélatif physiologique d'une *perception* contient toujours les quatre groupes suivants : *a*) le groupe des éléments *sensoriels*, périphériques et corticaux, dont l'activité conditionne les qualités sensitives de la perception, en tant que signe réel ; *b*) le groupe des éléments *mnésiques* des lobes frontaux, dont l'activité conditionne la reconnaissance de la sensation, en tant qu'objet concret ; *c*) le groupe des éléments « cénésthésiques », présidant aux fonctions organiques, circulatoires et autres, qui influent sur le ton émotionnel de la perception ; et *d*) le groupe des éléments soumis aux excitations *des autres sens*, restées à ce moment *inconscientes*, dont l'activité influe néanmoins sur notre manière de sentir la perception consciente. — A ce complexus physiologique correspond, du côté subjectif, un *seul* état de conscience, la perception d'un objet, c'est-à-dire une connaissance *sentie* dans l'impression. Sa composition et son hétérogénéité psychique n'apparaît que dans l'acte de la pensée, dans les jugements, qui différencient la perception en une série de concepts qualitatifs, tandis que le point de départ de cette différenciation, l'expérience subjective elle-même, reste toujours simple, tout en exprimant une diversité objective.

6. La variation successive des états de conscience correspond aux quatre types de changement physiologique du groupe actif : *a*) un nouveau groupe d'éléments s'associe au groupe précédent, lequel continue à persister ; c'est le changement qui correspond aux variations subjectives d'une perception et aux jugements ; *b*) une partie du groupe actif passe

à l'état de repos, tandis que l'autre partie seule
continue à fonctionner ; c'est le cas des « dysgnosies »
pathologiques ou normales, provenant de la fatigue
de l'attention ; *c*) au groupe actif s'associe un nouveau groupe d'éléments et en même temps une
partie du groupe précédent cesse de fonctionner ;
ce changement correspond aux associations des idées ;
d) au groupe actif s'associe un nouveau groupe
d'éléments et arrête tout à fait le fonctionnement
de ce groupe ; c'est le cas des émotions brusques et
des suggestions. — Deux facteurs principaux provoquent ces changements : l'influence *excitante* du
groupe actif sur les autres groupes voisins, en tant
que transmission d'une énergie qui ébranle leur état
de repos chimique ; et l'influence *inhibitrice* du
groupe nouveau sur le précédent, qui s'exerce au
moyen des produits de désassimilation du groupe
actif nouveau, produits défavorables pour la réaction
chimique nutritive du groupe ancien.

7. Pour rechercher le corrélatif d'un état de conscience on doit se servir du principe suivant : tout
élément de l'organisme dont l'activité ou l'inactivité
influe sur une qualité quelconque d'un état de
conscience, sans changer d'une manière radicale les
conditions de la vie des autres éléments, appartient
au corrélatif de cet état de conscience. Ce principe de
la méthode résulte de la nature du concept de la
corrélation psycho-physiologique, laquelle représente
le rapport de deux termes, dont aucun ne peut
varier sans que l'autre ne varie aussi simultanément.

TABLE DES MATIÈRES

BAR-SUR-SEINE. — IMP. V⁰ C. SAILLARD

www.ingramcontent.com/pod-product-compliance
Lightning Source LLC
Chambersburg PA
CBHW052218270326
41931CB00011B/2399